U0644726

魅力教育
义无反顾

曾军良◎著

人民东方出版传媒

東方出版社

图书在版编目（CIP）数据

魅力教育　义无反顾 / 曾军良 著 . — 北京：东方出版社，2021.1
ISBN 978-7-5207-1731-1

Ⅰ.①魅… 　Ⅱ.①曾… 　Ⅲ.①中小学—教育改革—研究—北京　Ⅳ.① G639.21

中国版本图书馆 CIP 数据核字（2020）第 204118 号

魅力教育　义无反顾
（MEILI JIAOYU YIWUFANGU）

作　　者：曾军良
统　　筹：孙　涵
策　　划：李　斌
责任编辑：童　瑜　徐　宁
出　　版：东方出版社
发　　行：人民东方出版传媒有限公司
地　　址：北京市西城区北三环中路 6 号
邮　　编：100120
印　　刷：三河市金泰源印务有限公司
版　　次：2021 年 1 月第 1 版
印　　次：2021 年 1 月第 1 次印刷
开　　本：710 毫米 ×1000 毫米　1/16
印　　张：17.5
字　　数：235 千字
书　　号：ISBN 978-7-5207-1731-1
定　　价：68.00 元

发行电话：（010）85924663　85924644　85924641

目录

第二章 魅力教师成长

第三章 魅力学法研究

第四章　魅力教育展望

序

　　北京实验学校曾军良校长的新作《魅力教育 义无反顾》即将付梓，我深为他孜孜以求、锲而不舍、勤于耕耘、不断超越的精神所感动。

　　我和曾军良校长认识多年，他是一位充满教育激情、勤于思考的校长。他多次来舍下交谈，我深深地感受到他对教育的热爱和情怀。

　　曾校长从教三十多年来，特别是在北京实验学校这十年来，结合现代教育前沿理论，从浩如烟海的教育著作里寻找依据，在幼小初高不同学科的课堂上发现普适教育规律，在多项实验改革中推动教育发展，提出了独具特色的魅力教育理念。他大力发扬"勇于担当，善于超越"的"北实精神"，以"学生向往、教师幸福、社会满意"为办学宗旨，从教育管理改革、创新教师培养、转变教育理念、构建魅力课程、探索魅力课堂、创设魅力环境、争做魅力家长、培育魅力学生、承担社会使命、拓展国际视野等多角度全面开展基础教育综合改革实验，致力于打造一种可以激活师生精气神，培育真善美，促进学生在原有起点上实现全面发展、健康成长的教育模式。在曾校长的带领下，学校办学成绩实现了跨越式发展，形成了自己的品牌特色，成为北京市海淀区新品牌学校。

　　曾校长总是善于发现和探索教育中的关键问题，思考深刻。面对新时代特点和未来不确定性带来的机遇与挑战，曾校长对魅力教育如何适应时代要求，落实好立德树人的根本任务，圆满回答"为谁培养人？培养什么人？怎样培养人？"的时代命题，结合以往对魅力教育的实践与研究总结成书，我在惊讶之余深感敬佩。

　　追逐、坚持信仰与理想，需要义无反顾的冲劲儿，唯有义无反顾，生命才能不断创造传奇。曾校长为我们做出了表率。

　　可惜由于年老视力衰退，未能通读全书。略缀数字，是以为序。

2020 年 10 月 10 日

第一章

魅力德育思考

塑造健康的人格

每个人的行为、心理都有一些特征，这些特征的总和就是人格，人格的形成是先天的遗传因素和后天的环境、教育因素相互作用的结果。健康的人格是指在社会实践活动中，人格的各个方面都能得到充分的、统一的、平衡和谐的发展，其才能能够充分地发挥，并竭尽所能为社会、为国家做出自己的贡献。

习惯与人格的关系是相辅相成的。年龄越小，习惯对人格的影响越大；年龄越大，人格对习惯的影响越大。因此，纠正劣习，养成好习惯，就是为健康人格奠定基础。塑造健康人格需要在自我认识、自我调整、自我开放、自我明辨、自我反思、自我提升、自我修养方面理性思考、勇于改进、探索前行，力求实现生命价值。

自我认识。一个人要慢慢认识真实的自我，实事求是地评价自我，对于自己的性格、爱好、优点、不足等情况有一个全面的了解。如果知道自己性格方面有什么缺陷，就要注意弥补自己性格的不足，在与人合作、寻找伴侣等方面注意性格上的互补，工作、生活才能更顺利融洽。有了充分的自我认识，自己才能更有针对性地自我发扬、自我改进、自我发展，这对于健康人格的塑造有着十分重要的意义。

自我调整。自我调整是一种习惯，更是一种能力。自我调整能力是成功人生必备的能力要素。每个人在生活与工作中不可能一帆风顺，难免会遇到这样那样的问题，甚至还会遭遇重大挫折。如果遇到问题、经历挫折，就怀疑自己、否定自己，甚至一蹶不振，就无法走好人生之路。那么，自我调整就显得尤为重要，外界的帮助是一方面，是外力，自我内在的调整才是最重要的。人生的方向盘掌控在自己的手中，自己要有加油、把向、调速、转弯的意识和能力，即使地面坎坷不平，即使遇到崇山峻岭，我们也能自由驰骋，一往无前！

自我开放。培养开朗的性格。开朗的性格对于塑造健康的人格有着巨大的帮助，因为开朗的性格会让心灵交际的空间宽广，会与更多的朋友对话交流，既相互借鉴经验、拓展思维，又能诉说痛苦，解开心结，提升抗挫、耐压的能力。这样，遇到棘手的事情、痛苦的事情、生气的事情时就不会让自己钻牛角尖，把自己逼进死胡同。内向性格的人，不愿意排解自己的情绪，容易出精神问题，所以培养开朗的性格是很有必要的。想要培养健康的人格还需要多与外界接触，多和人沟通，广交朋友，尤其是在学校里。我们接触到的朋友大多是教书育人的专业学者，他们在立德树人中有所思、有所行、有所获，这个时候多接触优秀的教师，能够帮助我们收获知识、收获经验、收获智慧，这些都有助于我们人格的健全、事业的发展。

自我明辨。做人必须有良知的标尺，即正确的是非善恶观。与小时候相比，我们接触到更复杂的社会，现实向我们提出了越来越多的问题，需要我们做出正确的判断。明善恶，辨是非，是做人的基本品质。每个人心中都不能缺少一把良知的标尺。要判断一种行为是善的还是恶的，一件事情是正确还是错误，要知道自己应该做什么，不应该做什么。做人的良知就是正确的是非善恶观，每个人要学会在生活中辨别是非。社会生活五光十色，不同的人有不同的价值追求和生活理想。是非善恶并不像黑白分明的标签，贴在每一个人每一件事上。在现实生活中，人们的追求有多种层次，有的高尚，有的平庸，有的低俗，有的邪恶。有时我们会面对似是而非、界限模糊的情况，因此学会理性分析，懂得思考不同的价值选择导致的不同后果。人需要树立美好理想，选择怎样的人生理想，做一个怎样的人，是每个人一生的课题，是自我明辨的重要标志，也是塑造人格的精神品质。

自我反思。人生是一条单行道，只能往前走。自我反思是对自己表现的一种反省方式，自我反思有利于发现自己的不足，促进自身的成长。在工作当中是否循规蹈矩，缺少创新；在工作当中是否服务意识淡薄，缺乏热情；在全局观念上是否缺乏整体观，缺乏组织能力，能动性较差；在奉献精神与人生境界上是否还有差距等，需要常常自我反思。在自我反思的基础上还要多虚心听取别人的意见。只有经常自我反思，积极听取他人意见，不断走在自我反思、自我完善、自我提升、自我发展的道路上，才能不断塑造健康而美好的人格。

自我提升。健康的人格需要博大精神的浸润，需要高能量的滋养。与大家名著对话，默默感悟思想的魅力与思考的灵性，拓展自己的视野，提升精神的层级。与美好生活故事对话，把握时代脉搏，倾听时代声音，接受精神洗礼。与时代英雄对话，走进英雄的内心世界，感受英雄的伟岸高大，触摸英雄的高尚灵魂，净化自身的心灵。与美好的新时代对话，牢记新时代使命，听从新时代召唤，把自己的梦想融进伟大复兴的中国梦之中！

自我修养。作为中华儿女，中国传统文化是最好的精神营养，是健康人格的营养液。中华民族历史源远流长，传统文化博大精深。中华民族文化不是一成不变的，而是在不断地更新发展。中国传统文化是中华民族在中国古代社会形成和发展起来的比较稳定的文化形态，是中华民族智慧的结晶，是中华民族的历史遗产在现实生活中的展现。人类在自己的社会实践中创造传统文化，并在实践中革新与丰富传统。五千年的中华文化璀璨夺目，一代又一代中华儿女在传承中发展，在发展中创新，中华文化既有历史悠久的醇畅，又有新时代的勃勃生机。

继承中华优秀传统文化是健全人格形象的基因，如温和、善良、恭敬、俭朴、礼让、忠诚、正直、质朴、正派、坚强、坚韧、自制、自省、自强、同情、沉着、谦虚、谨慎、务实、求真等，充分吸收这些中华民族优良美德，不断提升人格修养。当我们具有谦恭礼让、忠诚无私、勤劳踏实、追求真理等优良品质时，我们也将展现出新时代人格的磅礴力量。

做人的核心是拥有爱心，人格的核心是塑造高尚灵魂。人的一生需要在拥有爱心、勇于创新、追寻幸福中不断塑造自身高尚的灵魂，让人生之路越走越宽广，越走越美好！

何谓"大写"之人

人们生活在同一个物质世界里，但却生活在不同的精神世界里。不断提升自身，身心健康，才能实现生命的完整。衣食住行离不开物质这一基本条件，因为生命的成长需要一定的物质基础做保障。因此，一个社会必须以经济建设为中心，创建一个富强的世界，全面实现小康，让全体人民走向共同富裕之路。在满足基本物质条件的同时，人更需要丰富自己的精神生活，滋养自身的精神品质，提升自我的精神境界，让这个世界充满阳光与温馨，让每个人感受世界的美好，实现生命的高阶价值。

人活着，既要为自己活，更要为社会活。人有其个体属性，也有其社会属性，每个个体都是社会中的一员，文明和谐的社会需要每一个个体生命共同创建，每个人提供正能量，社会就会和美温暖、蓬勃向上。

人之大者，未必官之大者，钱之大者；名之大者，但必为志之大者，境之大者，慧之大者。

人之大者，必有大志向

伟大而执着的人生目标，带给我们坚定的人生方向，用激情点燃理想，在追梦的道路上，矢志不渝、顽强坚毅、砥砺前行！

1910年年底，周恩来在沈阳东关模范学校上学。这一天，校长亲自为学生上修身课，题目是"立命"。校长讲到精彩处突然停顿下来，向学生提出一个问题："请问为什么读书？""为中华之崛起而读书！"响亮的一句话，表达了周恩来从小立志振兴中华的伟大志向，正是这种伟大志向，成就了周恩来卓越而伟大的人生。有大志向，才有大未来。我们要从长远规划人生，将个人梦想融进伟大的中国梦之中，在实现中国梦的征程中锤炼自我、释放自我、超越自我、成就自我。

没有人可以回到过去重新开始，但每个人都可以从现在开始创造全新的未来。无论前方的道路多么崎岖坎坷，都要敢于挑战、坚定去面对。捷径走得多了，人就会失去攀登高山的能力。使人疲惫的不是远方的高山，而是鞋子里的一粒沙子。努力过、奋斗过、拼搏过、挑战过、反思过、创新过，无论结果是否理想，在艰难中奋进，在历练中超越，生命就会在追求大志向中蓬勃生长。

在所有伟大成就的取得过程中，激情是最具有活力的因素。改变人类生活的发明、推进社会进步的成果、感人至深的著作、震撼人心的雕塑、催人奋进的诗篇，多为充满激情之人创造出来的奇迹。激情是对所热爱的工作产生的火一般的热情。最好的劳动成果总是由怀揣理想、激情奋斗的人完成的。比尔·盖茨说过："每天早晨醒来，一想到所从事的工作和所开发的技术将会给人类生活带来的巨大影响和变化，我就会无比兴奋和激动。"比尔·盖茨的创新激情成就了其辉煌的事业，促进了人类的信息化发展，方便了世界的信息交流，改变了人们的生活方式。激情是不断鞭策和激励我们向前奋进的动力，对学习、工作充满激情，可以使我们不畏惧现实中所遇到的重重困难和阻碍。可以这么说，激情是学习与工作的灵魂，甚至就是学习与工作本身。爱默生曾经说过："没有激情，就没有任何事业可言。"

矢志追求者必须勇于从平凡中崛起，在长期的积累中丰富人生智慧，孕育自己的优秀。我们做事之所以会半途而废，其中的原因往往不是所做的事难度大，而是觉得成功离我们较远，确切地说，我们不是因为失败而失败，而是因为倦怠而失败。因此，每一个大目标必须分解成系列化的小目标，为大目标的实现搭建台阶，坚实迈上每一个台阶就能带来内心的愉悦与自信，更好地点燃自身激情，勇敢地去迈上第二个台阶……如此良性循环，在追梦的路上激发斗志、激活潜能、激励奋斗，逐步逼近目标、实现目标，成就人生。

人之大者，必有大境界

爱因斯坦在《我的世界观》中写道："每个人都有一定的理想，这种理想决定着他努力和判断的方向。在这个意义上，我从来不把安逸和享乐看作生活目的本身——这种伦理基础，我叫它猪栏的理想。照亮我的道路，并且不断地给我新的勇气去愉快地正视生活的理想，是善、美和真。"

一个人，如果能站在精神的高地，来俯瞰自己的人生，对人生的迷途或者挫折也许就能看得更加清晰明白。真正的大师，思想深刻悠远，作品大气磅礴，文字启人心智，文化精神追求卓越。丰富的精神生活，才是人的真正幸福，追求精神的卓越才是新时代公民应有的崇高价值。

境界是一个人做人做事的风范、气度，是一个人综合素质散发的无形力量。大境界是一种纳百川、怀日月的气概，一种从容大方、胸有成竹的气量，一种成熟宽厚、宁静和谐的气度。不是所有的鱼，都生活在同一片海洋；也不是在同一片海洋，只有同一种鱼。面对多样化的人群，要有胸怀，包容大度。天行健，君子以自强不息；地势坤，君子以厚德载物。

人品好，滴水之恩涌泉报，升米之恩斗米还。为人刚正不阿，做事善良本分。弱者面前，不彰显自己，懂得帮人难处。幼者面前，不倚老卖老，懂得给人呵护。别狂妄自大、目中无人，不可一世者，没有人会喜欢。想受人尊重，就先尊重人。生活需追求快乐，做事需注重规则，做人需人品高尚。

大境界源自真善美的心灵，需要科学知识的武装，人文知识的积淀，健康的心灵，正确的审美判断能力，科学求真、人文求善、艺体求美。

人之大者，必有大智慧

知识、智力是智慧的基础，精神、情商是智慧的躯体，理性、魅力是智慧的外显。终身学习，不断开发自身的潜能，提升自身智能水平；培养坚毅品质，学会与人相处；学会反思，努力展现生命的独特魅力。

真正有大智慧的人，从来不在琐事上与人计较、纠缠，而是常常与志同道合的君子互相砥砺提升自己，和低俗者辩论争执，只会浪费自己的时间和精力，毫无益处。

高楼起于平地，大浪浮于海底，人生需要一点点积累。吃亏是福，不占小便宜，也是一种智慧。比如池塘里的青蛙天天叫，却从来没有人注意它。但是雄鸡，只在天亮时叫两三声，大家就知道天要亮了。人，一辈子都在奋斗，无论多理性，还是会有遗憾与不完美。别过分为难自己，一辈子并不长，也要允许自己有暂时的遗憾，自信阳光、富有智慧地走在创新与攀登的路上，不断积累、永不停步，在这条路上留下坚实的足迹！

人，别轻易去钻牛角尖，在个人利益上知足常乐，在事业发展上不知足亦常乐，永知感恩，生命就会豁达而辽阔。很多东西，是你的不用争，不是你的不必争。缘来坦诚相待，缘去坦然对待。人生很短，生命有期，别把自己耽误；岁月不长，青春有限，别把自己愧对。

人，应该懂得分寸。一些人之所以能够顺风顺水，不仅仅在于他们的聪明、勤奋，也在于他们对人性的洞察，懂得什么叫恰如其分。做人做到恰如其分，是人生智慧。事实上，把握好了人生分寸，就等于掌握了自己的命运。

"人"字的一撇伸向过去——这是叫你积累经验、注重反思；"人"字的一捺指向未来——那是让你拥抱理想、探索未来。"人生"作长度，"价值"作宽度，"理想"作高度，我们不做只追求长度的"直线人"，不做只在乎面积的"平面人"，要将自己发展成更有容积的"立体人"。切记要好好地活着，做一个"大写"之人，活出生命精彩来！

"爱的行动"让教育风景更绚烂

　　教育是一项塑造灵魂、滋养生命的美好事业。美好的事业需要人人向善、人人奉献，让接受教育的人感受到满满的爱、和煦的爱、伟大的爱！

教师之爱

◆ 爱学生——倾尽全力，奉献大爱

　　1. 要尊重每一个孩子，欣赏每一个孩子，让每一个孩子"自然、自己、自由、自觉"成长。

　　2. 要认真倾听孩子的心声，走进孩子的心灵，做孩子的良师益友。

　　3. 要做教育的有心人，用智慧与艺术的教育，滋养孩子心灵，温润孩子生命。

　　4. 要为孩子的 40 岁做准备，努力为党和国家培育人才。

◆ **爱事业——担当使命，追求崇高**

1.要把教育作为崇高的事业去追求，扎根教育、担当使命、激情工作、拼搏奉献、创新前进。

2.要把学习、思考、研究当成习惯，永远做最好的自己。

3.要努力创造与众不同的品牌，创建自己的风格体系，努力成为一名优秀教师、卓越教师。

4.今天的我可以比昨天的我做得更好，而明天的我一定会更棒。

◆ **爱自己——愉快身心，享受快乐**

1.要养成终身锻炼与阅读的习惯，强健身体，觉醒思想，品味不断成长之乐。

2.一生都与孩子在一起，永远享受着童真童趣之乐。

3.与团队的伙伴共创共享共赢，永远享受互助合作之乐。

4.能为亲人尽义务，感受着亲情的温暖，永远享受着生命幸福之乐。

学生之爱

◆ **爱自己——学会负责，自主发展**

1.要永远对自己充满信心，阳光自强，微笑生活，珍爱生命，快乐成长。

2.要主动与老师和同学交流，敢于发表自己的观点。

3.要主动参与学校的各种活动，让自己永远充满活力。

4. 要做个诚实的孩子，不说假话，有错就改。

◆ 爱他人——学会尊重，常怀感恩

1. 要文明礼貌待人，谦虚做人，感恩所有关注自己成长的人。

2. 要静静倾听别人的谈话，尊重别人的观点和想法。

3. 答应别人的事一定会尽力做到。

4. 要用行动感谢身边的每一个人，让他们因自己的存在而感到快乐。

◆ 爱环境——学会欣赏，珍惜环境

1. 爱我的家，积极参与家务劳动，共同创建和谐幸福的家。

2. 学校是我们共同的家，美丽的家园需要我去用心守护。

3. 要爱护公共财物，讲究公共卫生，珍惜美好的生活环境。

4. 善待地球上的每一个生命，因为它们都是我们人类的朋友。

让爱伴随师生的一生，每个人都奉献爱、学会爱、理性爱、坚持爱、享受爱，"爱的行动"一定会让教育风景更绚烂！

新时代劳动教育的思考与实践

习近平总书记在全国教育大会上指出，教育要"培养德智体美劳全面发展的社会主义建设者和接班人"，"要在学生中弘扬劳动精神，教育引导学生崇尚劳动、尊重劳动，懂得劳动最光荣、劳动最崇高、劳动最伟大、劳动最美丽的道理，长大后能够辛勤劳动、诚实劳动、创造性劳动"。这些重要论述，高扬劳动教育的旗帜，具有重大的时代价值和鲜明的现实针对性。

马克思说过："任何一个民族，如果停止劳动，不用说一年，就是几个星期也要灭亡。"劳动是人们改变物质对象，使之适合自身需要的有目的的活动，是人类生存和发展的最基本条件。中华民族是热爱劳动的民族，正是劳动创造了我们上下五千年的灿烂历史文化，塑造了中华民族的传统美德。在中华民族五千年灿烂文化中，圣贤们身体力行给劳动教育赋予了神圣无比的意义。《抱朴子·广譬》中说："不惰者，众善之师也。"中国古代的禅著《百丈丛林清规》的主要精神是"一日不作，一日不食"，认为人不可不参与劳作，每个人都有奉献的义务。劳动使人高尚，是我们生存于世界的最为神圣的活动，是新时代每个人必备的基本素质和行为习惯。

教育部等部门印发了《关于加强中小学劳动教育的意见》，提出用 3~5 年时间，推动我国中小学建立课程完善、资源丰富、模式多样、机制健全的劳动教育体系，形成普遍重视劳动教育的氛围，改变一些学生不会劳动、轻视劳动、不珍惜劳动成果的现状。新时期的劳动教育，是基础教育的重要内容，它具有其他学科不可替代的特殊的育人功能。广大青少年对劳动的认知，对待劳动的态度以及劳动习惯、劳动技能的培养，将决定着国家和民族的未来。加强对劳动教育地位和作用的认识，全面推进劳动教育的实施，具有重要的现实意义和历史意义。

劳动教育是最好的生活教育

美国教育家杜威曾提出"生活教育"理念，认为教育即生活；我国教育家陶行知对此也有论述，认为"生活即教育"。劳动教育是我国基础教育的优秀传统，是素质教育中一个极其重要的方面，对培养学生劳动观念，磨炼意志品质，树立艰苦创业的精神以及促进学生多方面的发展具有重要作用。在实践中，有一段时间把让学生参加体力劳动当成对学生进行劳动教育的主要方式，只关注它的德育功能和对人的改造作用，却忽视了劳动教育所蕴含的丰富的教育价值。《劳动与技术教育实施指南》立足于新时代的发展，强调劳动教育中学生丰富的情感体验，强调学生劳动观念、劳动态度、劳动习惯的养成，以关注学生发展为本，以劳树德、以劳增智、以劳健体、以劳益美、以劳促创新的多方面的功能实现和劳动教育的多途径实施与多学科渗透。

劳动教育有助于孩子正确地认识生活。实践证明，人的许多优秀品质是在劳动中形成的。劳动教育在实践中能培养孩子爱劳动人民、珍惜劳动成果，养成勤俭、艰苦朴素的作风。劳动能锻炼孩子吃苦耐劳、克服困难的坚强意志，有助于培养孩子良好的社会适应力。劳动能培养孩子主动进取的工作态度，有利于形成对集体、对国家的义务感和责任心。劳动能培养孩子自立、自理、自律、自强的独立生活能力和进取精神。

劳动教育能帮助孩子学会生活。劳动可以改善呼吸，加强血液循环，促进新陈代谢，调节大脑疲劳，有利于大脑发育。在劳动中，孩子双手的活动有益于左右脑的开发，促进逻辑思维和形象思维的发展，有助于提高学习能力、培育学生坚毅的学习品质。劳动还可以培养孩子的观察、分析、判断、动手能力和创造能力，因此中国自古就有"心灵手巧"的说法。

劳动教育能让孩子感悟生活。学会劳动，养成劳动习惯是孩子学会生活，形成健康人格的重要保证。劳动可以帮助孩子动手创造整洁的学习生活环境，使他们明白劳动是创造美好生活的源泉。

劳动教育就是一种最好的生活教育。让孩子在劳动中获得一些生活体验，以及从劳动中获得生活的乐趣，培养一种现代新生活的态度与方式，既是今天生活的需要，也是未来发展的需要。

劳动教育具有独特的价值与意义

劳动教育具有独特价值与意义。孩子在接受劳动教育中一方面让自己与世界充分接触，用身体去丈量物理和心灵的世界，用其全部感官去认知和学习，既能让孩子们爱上劳动，又能让他们感受到劳动在人生中的价值，明白劳动是人的本色，劳动创造一切的道理，同时培育对劳动者足够尊重的情感，可谓益德；另一方面，孩子们在劳动中可以愉悦身心，强健体魄，增强意志力，涵养吃苦耐劳精神，对文化课的学习也会起到促进作用，可谓益体益智；此外，孩子们在参与劳动过程中还可以感知劳动的美、创造劳动的美、品味劳动的美，不仅能激发他们的学习兴趣，还能够提高他们欣赏美和鉴赏美的能力，劳动教育更能益美。苏联教育家苏霍姆林斯基曾对劳动教育的意义作过精辟的论述：

1.劳动教育能促进学生道德行为习惯的形成。劳动教育包括热爱劳动、珍惜劳动果实、热爱劳动人民、为社会主义事业辛勤劳动等几个层次要求，"引导学生投身于劳动人民的生活"。通过参加劳动，"培养年轻人报答劳动人民的思想，只有让他们通过亲身体验，去认识劳动者为了创造生活福利而付出的艰巨努力"，从而自觉地履行对他人、对社会的义务，为建设祖国、实现伟大理想而努力。苏霍姆林斯基认为劳动教育在学生"道德教育上起着极其重要的作用"。他强调学生良好的道德行为习惯的形成离不开有效的劳动教育，劳动教育对培养集体观念，提高集体主义精神以及培养学生组织纪律性有着极大的作用。

2．劳动促进智力发展。劳动是智慧之树。苏霍姆林斯基反复阐述应当让学生参加"促使智慧和双手相结合的劳动"。他认为，"劳动在智育中起重要作用，儿童的智慧在他的手指上"。又说："那些双手灵巧热爱劳动的儿童能够形成聪明的好钻研的智慧。"

3．促进个性的发展。苏霍姆林斯基把劳动教育作为学生个性自由发展的重要途径。他强调"在劳动中展示发展个性"，认为"我们劳动教育的理想，就在于使每一个人早在少年时期和青年早期就能领悟到劳动能使他的自然天赋更全面、更明显地发挥出来"。

4．劳动教育能培养学生的兴趣爱好。苏霍姆林斯基认为要让学生"从事一项能够满足他的个人爱好、才能和兴趣的长期的、有明确目的的劳动"。他认为劳动向学生揭示出不断提高和发展自己爱好的广阔前景。

学习苏霍姆林斯基关于劳动教育意义的有关论述对我们是十分有益的。当前我国绝大部分中小学校按照教育行政部门的要求开设了劳动课，但是部分学校对劳动教育的意义和作用认识不足，担心进行劳动教育会导致教学质量下降，有的劳技课成了名存实亡的虚设课。对此，我们要从苏霍姆林斯基关于劳动教育意义的论述中得到启示：

劳动教育是整体素质教育，即"全面和谐的教育"不可分割的一部分，没有劳动教育就不可能有学生素质的整体提高，就没有学生"全面和谐"的发展。

劳动教育能培养学生热爱劳动、尊重劳动人民的品质和良好行为习惯。学生只有通过亲身劳动，才能奠定人生的远大理想。人生理想一旦离开劳动实践和体验，就会变成对学生不起作用的陈词滥调。劳动可以使学生的天赋才能得以显露并使之产生自尊感，形成"可受教育的能力"。

劳动教育是"开发智力的一种手段"，它有助于教学质量的提高，它可以使学生把课堂上学到的书本知识和实际联系起来，促进脑力和体力的结合。

劳动教育如何课程化实施

劳动教育是中小学教育的重要组成部分，是全面贯彻落实教育方针、实施素质教育和提高学生总体素质的基本途径。《中共中央国务院关于深化教育改革全面推进素质教育的决定》指出："学校教育不仅要抓好智育，更要重视德育，还要加强体育、美育、劳动技术教育和社会实践，使诸方面教育相互渗透，协调发展，促进学生的全面发展和健康成长。"北京实验学校一直重视劳动教育，自 2011 年以来，学校就把劳动教育作为特色办学的一个突破口，在劳动教育校本课程的开发与实施方面积累了一定的经验。近几年来，学校从劳动教育师资队伍建设、劳技活动基地建设、劳技教学模式、劳技课外实践活动四个方面展开研究，促使学校劳动教育能够与时俱进，持续发展。

◆（一）抓好师资建设，培养劳动教育特色队伍

劳动教育实践推进的过程就是教师深入劳动教育实践的过程。通过多种方式，努力培养一支有特色的劳动教育教师队伍。

1.培养劳动教育骨干教师。学校多年来重视劳动教育，已经初步形成了一支劳动教育骨干教师队伍。那么，如何进一步提升这些骨干教师的教学业务水平，使他们真正成为"老师的老师"呢？

（1）加强理论学习。学习《〈基础教育课程改革纲要（试行）〉解读》《少年创造力发展心理》《陶行知文集》等理论书籍，做好读书笔记，定期进行交流。

（2）拜师学习。要提高学生的技术素养，教师必须具有丰富的理论知识、娴熟的技能技巧。我们根据骨干教师现有的技术特长，向相关的专家、学者、技术员进行拜师学艺。

（3）参观学习。学校为劳动教育骨干教师提供走出校园的机会，参与全国、省、市组织的各种教研活动，尽可能地让他们参与各级教材培训、教学比武、听课、辅导报告、教案与论文评选等一系列的教育教学活动，让教师在活动中收集教育教学信息，学习最新的教育理论与教学方法。

2.加强兼职教师培训。要搞好劳动教育，仅靠几个专职劳动教育教师是很难实现的。因此，加强劳动教育兼职教师培训显得尤为重要。首先，精选热爱劳动教育、动手能力强，并且已有一定工作经验的教师担任兼职劳技教师；二是进行集体备课，劳动教育骨干教师与兼职教师共同研究劳技教学内容、教学形式、教学方法，让兼职教师掌握每堂课的重点与难点；三是劳动教育骨干教师定期上示范课，创造条件让兼职教师有学习、模仿的机会；四是劳技兼职教师上教研课，共同探讨劳技课的教学策略。

3.聘请校外兼职教师。我校结合学校实际，主动整合校外师资力量，聘请工程师等校外辅导老师。采用两种形式开展活动：一是校外辅导老师来校上课；二是学生走出校园，到校外辅导老师工作的地方参与实践。校外兼职教师在某个领域都有一技之长，他们的辅导不仅丰富了学生的知识面，而且能迅速提升学校劳动教育老师的技术能力。

◆（二）立足校园实际，丰富劳动教育形式

1. 与各学科相结合。注重劳动教育与各门学科教学的结合，根据各学科的教材内容、教法特点的个性与共性，挖掘内涵，找准结合点，将课堂教学与校内外活动有机结合，使学生在学习掌握知识、技能的基础上，更有自信地参加活动，并在活动中运用知识技能动脑思考、动手体验，进一步深入开展劳动教育。例如，品德与生活、品德与社会学科无疑是对学生进行劳动教育以及开发劳动教育校本课程的主阵地，所以我们可以根据不同的学段要求、教材内容，结合学生的年龄特点，设计一系列的劳动教育活动。例如，可以开展"每天一分钟家务""整理小房间""养成最美的花""我是能干的小园丁"等活动，在一定程度上弥补劳动教育课程的不足，辅助对学生的劳动教育。

2. 与德育活动相结合。例如：（1）在校园环境建设中注意营造劳动教育氛围，精心设计"劳动教育"长廊、班级种植角，让每一个地方、每一面墙壁、每一个角落都"能说话"，使校园成为具有导向性的学习教育场。（2）积极开展一年一度的校"劳动节"，开展劳动节宣传，组织开展家务周、劳动班会课、劳动拉歌、跳蚤市场以及劳动图片展等活动，评选出校级"劳动之星"和"劳动教育先进班级"。随后，再通过竞赛和展示活动，如"系鞋带""穿针引线""科技小制作""田园小栽培"等，营造"人人知劳动"的良好氛围，为"人人爱劳动"打下基础。实践证明，引导学生亲身参与劳动节活动，学生学会了感知，学会了劳动，体会了劳动精神的可贵。（3）开展"洒扫应对""日行一善"等主题实践活动。在主题实践活动中，通过组织学生打扫校园卫生，让他们帮助父母做力所能及的家务活动，以及组织学生志愿者参与到关爱空巢老人和社区义务劳动等公益活动中，从而培养学生传递文明、担当社会责任的意识。（4）把每位班主任都纳入劳动教育校本课程的开发和实施当中，一个学期至少要在班上开展一次以"劳动"为主题的班会，

评选"班级劳动之星",组织"劳动主题手抄报"展示,使热爱劳动、劳动光荣的思想意识扎根学生心中。

3. 与校外公益劳动相结合。公益劳动是直接服务于社会的无偿劳动,是德育途径之一。劳动教育课程的开发与实施也要注重课内与课外、校内与校外的结合,如结合学校"小雷锋社团"的实际情况,安排学生参加力所能及的劳动,每个学期组织几次校外公益活动,如打扫街道、社区服务等,引导学生积极投身于社会服务,也能有效拓展劳动教育的外延。

◆ (三)依托教育资源,拓展劳动实践基地

依托学校的教育资源,建立并拓展劳动实践基地,是劳动教育校本课程开发与实施的重要环节。在实践过程中,我们充分利用劳动实践基地这一平台,实施以劳动实践基地为依托的校本特色课程开发。

1. 建设校内劳动实践基地。劳动教育实践推进的过程,就是学生深入开展实践活动的过程,学生大量的时间在学校,因此必须建设好校内劳动实践基地,这是劳动教育推进过程中一项重要工作。在基地建设中要确立两个目标:一要满足学生劳动实践的需要,二要满足学生科学探究的需要。

2. 建立校外劳动实践基地。劳技教育和社区服务、社会实践的有效统一,有助于提高学生的社会适应能力、社会参与意识、公民责任感及创新意识。我们积极同有关单位和部门建立共建关系,开展考察、参观、公益劳动等劳技实践活动,使校外基地成为学生进行社会实践的场所。

3. 利用周边教育资源。通过手拉手合作形式,进一步拓展劳动实践基地,充实劳动教育校本开发的成果,期待能进一步着手创建小农场、小果园、小饲养场、小工厂等学生劳动实践基地,便于学生展开观察、实验等活动,进而充分培养他们的劳动技能,调动他们的劳动积极性,养成珍惜劳动成果和

热爱劳动的优良品质。

◆◆（四）利用家校联系，形成劳动教育合力

家庭是学生生活的主要场所，家长是孩子劳动与技术教育最早的老师，幼儿园小朋友、小学生的自我服务劳动、家务劳动是他们的重要劳动实践。因此我们要充分认识到家庭对学生劳动教育的重要影响。我们可以通过家长会、校园网站、微信等现代网络媒体宣传家庭劳动教育的重要性，引导家长重视并给予孩子参加力所能及的家务劳动的实践机会。与此同时，让家长通过QQ、微信群晒孩子参与家务劳动的情况，激励孩子热爱劳动。另外，还可以利用元宵节、端午节、春节等传统节假日开展家庭劳动技术教育，如元宵节制花灯，端午节包粽子、制香袋，春节贴春联、扫尘等。因为我校大部分孩子来自城市，所以我们要求家长定期带孩子去农村、农场、工厂体验劳动生活，从而让劳动教育实践走进学生的生活。

劳动教育的创新实践

劳动教育课不仅要教给学生劳动的方法，更重要的是培养学生的科学精神和创新精神，增强他们的科技意识，提高他们的技术实践、科学探究的能力，把培养学生的探究意识贯穿课堂教学全过程。创新劳动教育课的一般教学模式，需要关注以下六个方面的问题：

1. 注重导入。我们设计教学导入要求做到形式新颖、联系实际、科学规范、短小精悍。通过形式多样的导入，想方设法把学生的探究欲望激发出来。

2. 感知教材。感知教材并不是仅仅让学生看教材，对教材有个大致的了解，而是采用问题引路的形式，提出一些带有探索性的问题，让学生带着问

题去阅读和思考。通过对教材的了解，不仅让学生知道要准备哪些工具、材料，而且还要明确本堂课要学的知识、技能，更为关键的是要引导他们提出学习中需要解决的问题。

3. 示范讲解。示范讲解是劳动教育课的关键环节。教学中十分注意调动学生的积极性，让学生始终保持探究的心理。示范讲解，是在学生讨论与尝试练习的基础上，针对学生提出的共性问题，在难点、重点、要点处进行示范讲解，使教师的作用发挥在学生最需要的地方。

4. 创新操作。这一环节分三个阶段进行，既连贯有序，又各有重点。

（1）指导性活动。以"帮"入手。首先，引导学生"看"，就是指导学生观察，通过"看"发现特征与问题。其次，启发学生"想"，引导学生合理地去猜想，由作品的特征猜想到选用工具的结构，由工具的结构推想出使用的方法。在此基础上让学生学会解决问题的一般方法。第三，指导学生"说"，通过学生的说，了解学生想些什么和怎么想的。

（2）独立性活动。以"扶"一程，"送"一程的形式，让学生在掌握一定的劳动知识和技能后，培养独立活动的能力。我们要求教师准确把握"扶"与"送"的时机，当学生在活动中遇到困难，小组研究后都没法解决的时候，教师要"扶"他们一程，与此同时再"送"他们一程，让学生了解作品背后的技术原理，从而举一反三，触类旁通，获得可迁移的能力。

（3）创造性活动。这一过程我们以"放"为主，充分满足学生探究的心理，发挥学生的想象力、创造力，设计制作出美观、实用、具有创造性的作品，使学生的知识、能力、审美等方面素质得到提高。

5. 多维评价。劳动教育课的活动评价，有利于学生认识到自身的优点与不足，对提高学生劳动知识和劳动技能有重要作用。在评价活动中，一方面指出成功的作品好在哪里，让学生探究作品做得好的原因，如何做得更好；另一方面指出不成功的作品存在哪些缺点，如何让存在问题的作品得到合理的修正。

6. 创新"三位一体"的劳动教育课外实践。"三位一体"就是将劳技、科技、环境教育紧密结合起来，逐步形成可持续发展的"绿色教育"特色。在活动内容方面，每学期初组织老师共同研究"三位一体"活动，还让学生参与活动内容的选择，确保"三位一体"的活动内容具有可行性。在活动方法上，采用以下方式来鼓励学生参与课外劳技实践活动：

（1）根据学生年龄特征、兴趣爱好开设各类兴趣活动组。

（2）为学生创造有利的条件和环境，让学生在兴趣组的学习中能真正"动起来"。

（3）做好"三定"工作，即定辅导老师，定活动内容，定活动时间。

（4）对于"劳技特长生"，允许学生参加多个兴趣组或中途更换兴趣组；允许学生在课余时间、双休日时间来校活动；允许学生家长一起参与活动；允许学生借用学校器材回家搞研究；允许学生自由组合搞实验。

（5）抓好两个展示活动。学校科技节，集中展示全校学生的科技、劳技、环境教育活动成果；学校的创新周活动，集中展示学校劳动教育课。

学习发达国家经验，走出劳动教育误区

发达国家十分重视劳动教育。据科研机构对各国中小学生每日劳动时间的统计，美国为 72 分钟，韩国为 42 分钟，法国为 36 分钟，英国为 30 分钟，而中国只有 12 分钟。德国的法律规定，孩子必须帮助父母做家务。在德国，6～10 岁的孩子要帮助父母洗餐具，给全家人擦皮鞋；14～16 岁的青少年要擦洗汽车和在菜园里翻地；16～18 岁的青少年要完成每周一次的房间大扫除。另据报道，美国和加拿大有 17 个城市每年举办"铁孩子运动会"，参赛者是 7～14 岁的儿童，比赛内容是连续进行长距离游泳、骑车、越野和长跑。每

年都有成千上万的父母带着孩子前往报名参赛，角逐"铁孩子"桂冠。无独有偶，日本中学普遍设有一门锻炼课程，即在严冬组织学生身着短裤进行户外长跑，旨在培养孩子钢铁般的意志。

做父母的应充分认识到，温室里长不出参天大树，要培养孩子坚韧不拔、百折不挠的品格和勇于克服困难、迎接挑战的素质，从小就应给其创造磨炼的机会。培养孩子热爱劳动不是个简单的习惯问题，从长远来看是一个关系到全民族素质的大问题。

劳动教育校本课程的开发与实施给中小学劳动教育注入了新的活力，也让北京实验学校的校园充满活泼、温馨的氛围。经过这几年的深入研究与实践，学校在师资队伍建设、劳动教育实践基地建设、课堂教学、学校特色建设等方面获得了一定的成果，劳动教育同科学教育、环境教育等学科的有机整合，使教师的指导与学生的主动实践相互结合，形成了主动探究、手脑结合、乐于合作和勇于动手创新的学习方式，为深入开展中小学劳动与技术实践研究做出了贡献，提高了学生的创新能力，促进了劳动教育教师理论水平的提高和专业能力的发展，为学校的魅力教育特色建设做出了新的贡献。

"以劳动托起中国梦"，需要全面深化教育综合改革，培养德、智、体、美、劳全面发展的社会主义建设者和接班人。使命应然，劳动教育的价值作用和发展规律不可违，关键在于教育观念的转变，教育行为的改变，努力走在探索教育改革的道路上，矢志不渝，奋勇前行！

以"勤"相伴 金石为开

——读曾国藩家书引发的思考

翻开中华字典，寻找含"勤"的成语，诸如勤能补拙、勤勤恳恳、克勤克俭、勤学好问、天道酬勤、勤以立身……每一个成语的背后都有着感人肺腑的故事！农民勤耕作、工人勤手艺、商人勤实业、做官勤民政、学生勤学业、教师勤育人等，都需要各式各样的勤奋。中华民族是一个勤劳勇敢、自强不息的民族！"勤"深深刻印在民族的记忆中，流淌在中华血液里，成为中华民族的性格特征与精神传承！

曾国藩说为官者当有五勤：

一曰身勤：险远之路，身往验之；艰苦之境，身亲尝之。

二曰眼勤：遇一人，必详细察看；接一文，必反复审阅。

三曰口勤：待同僚，则互相规劝；待下属，则再三训导。

四曰手勤：易弃之物，随手收拾；易忘之事，随笔记载。

五曰心勤：精诚所至，金石亦开；苦思所积，鬼神迹通。

曾国藩的"五勤"之道是为官之道，同时也是为人处世之道。

一曰：身勤

曾国藩所说的"身勤"就是身体力行、以身作则、做要坚持、行以示范。他曾说"余谓天子或可不亲细事，为大臣者则断不可不亲"。他是这么说的，也是这么做的。他在军中要求自己早起，不论什么样的天气，不论什么样的环境，他一定"闻鸡起舞"，练兵督训，办理各项事务。他对军中将士说："练兵之道，必须官弁昼夜从事，乃可渐几于熟。如鸡孵卵，如炉炼丹，未可须臾稍离。"《论语》有曰："其身正，不令而行；其身不正，虽令不从。"言传不如身教，曾国藩就是这样影响手下的幕僚、将领的。

曾国藩所说的"身勤"，也引发我们对今天的学校教育与家庭教育的思考。无论是家长还是教师，不是看你给孩子说教了多少，而是看你在孩子面前做怎样的示范。孩子身上存在的问题，或多或少是家庭教育与学校教育的映射。当家长、教师都成为真正的优秀者，创建出良好的家庭文化、学校文化，孩子就会在优秀文化的熏陶下健康成长。

二曰：眼勤

曾国藩所说的"眼勤"是从细微之处识人。曾国藩指派李鸿章训练淮军时，李鸿章带了三个人求见，请曾国藩分配职务给他们。不巧曾刚好饭后出外散步，李命三人在室外等候，自己则进入室内。等到曾散步回来，李请曾传见三人。曾说不用再召见了，并对李说："站在右边的是个忠厚可靠的人，可委派后勤补给工作；站在中间的是个阳奉阴违之人，只能给他无足轻重的工作；站在左边的是个上上之材，应予重用。"李惊问道："您是如何看出来的呢？"曾笑道："刚才我散步回来，走过三人的面前时，右边那人垂首不敢仰视，可见他恭谨厚重，故可委派补给工作。中间那人表面上毕恭毕敬，但我一走过，立刻左顾右盼，可见他阳奉阴违，故不可用。左边那人始终挺直站立，双目正视，不亢不卑，乃大将之才。"曾国藩所指左边那位"大将之才"，就是后来担任台湾巡抚的刘铭传。能从细微之处识人，正是因为曾国藩练就了一双慧眼，才使曾府幕僚鼎盛一时。

当然，仅凭一次细微的观察，就得出结论，未免有点轻率。对一个人的认识需要全面地、细致地、科学地综合判断。曾国藩所说的"眼勤"，从细微之处识人，对今天的家庭教育与学校教育来说，仍然有着重要的借鉴意义。儿童因生理、心理、家庭与学校环境的不同，因此有着不同的学习方式与成长速度。从心理学的角度来看，有的孩子是冲动型的，有的是沉思型的，有的是热情型的，有的是冷漠型的，有的是开放型的，有的是封闭型的，有的知识记忆力强，有的动作记忆力强，等等。针对他们不同的认知方式，需要采取有效的措施，这样才能促进每一个孩子的成长。而要真正认识孩子，既需要"眼勤"，也需要眼力，需要经常细致地观察，需要观察行为的变化来读懂孩子内在的世界，从而走进孩子的心灵，与孩子的心灵对话，做孩子的知心朋友，与孩子一起成长。

三曰：口勤

曾国藩的"口勤"就是他与人的相处之道。曾国藩认为同僚相处"两虎相斗，胜者也哀"。据说曾国藩开始同湖南巡抚骆秉章的关系并不好，咸丰三年（1853），曾国藩在长沙初办团练时，骆秉章就没把他放在眼里，对他的工作也不是十分支持。当绿营与团练闹矛盾时，他总是偏向着绿营。让曾国藩特别愤愤不平的是，在靖港兵败，湘军退驻长沙城郊的水陆洲时，骆秉章来到离曾国藩座船仅数十米之遥的码头送客，曾国藩以为他是特意来看望和安慰自己的，内心正十分感激，谁知他送完客人之后竟然转身便走，就当没有看到曾国藩！并且还同长沙官员一起对曾国藩的兵败百般讥讽。尽管如此，曾国藩并没有逞口舌之争，而是采取曲意忍让的态度，在他为父守孝后第二次出山之时，特意拜访了骆秉章，态度十分谦恭又十分热情，之前的那些事就当没发生一样。这让骆秉章大感意外，当场表态，以后湘军有什么困难，湖南当倾力相助。"己欲立而立人，己欲达而达人"，曾国藩"口勤"不仅仅是对同僚和上级，对下属也会耐心地训导，曾国藩秉持的这种为人处世之道，不仅让他成就了自己，也成就了如李鸿章、左宗棠、张之洞、刘铭传、胡林翼等名臣，实现了清末短暂的中兴。

曾国藩的"口勤"，呈现的是态度和蔼、言辞温和、热情谦逊、与人为善、大气包容，既是一种人格修炼，更是一种处世哲学。曾国藩的"口勤"，也为今天的教育者引发了探索性的思考。苏霍姆林斯基明确指出："教师高度的语言修养是合理地利用时间的重要条件"，"在极大程度上决定着学生在课堂上的脑力劳动的效率"。由教师的教到学生的学，教师的口头语言是媒介——教师要通过口头语言，向学生传授知识，讲解道理，谈心疏导，排疑解惑；学生要通过教师的口头语言，理解、接受知识，懂得做人的道理。教师口头语言表达能力不强，也会影响教育教学任务的完成。对教师口头语言表达的重要性，比利时学者德朗舍尔说："在我们的教学形式中，教师的口头语言行为表示了他所做的全部事情和他要学生做的全部事情。"教师的语言"有理念、有激情、有温度、有节奏、有文采、有智慧"，才能把课堂带入佳境。教师课堂语言的"会激励、会概括、会比喻、会推理、会风趣、会评价"，才能将课堂推向进取、科学、超越、挑战的高地。

四曰：手勤

曾国藩所说的"手勤"其实就是要养成一个好习惯。他一生养成了三个好习惯：

一是反省的习惯。曾国藩每天都写日记，他说："吾人只有进德、修业两事靠得住。进德，则孝悌仁义是也；修业，则诗文作字是也。此二者由我做主，得尺则我之尺也，得寸则我之寸也。今日进一分德，便算积了一升谷；明日修一分业，又算余了一文钱；德业并增，则家私日起。至于功名富贵，悉由命走，丝毫不能自主。"他通过写日记进行修身，反思自己在为人处世等方面存在的不足，通过这样的反省，不断修炼自己。

二是读书的习惯。规定自己每天必须坚持看历史不少于10页，饭后写字不少于半小时。他认为"人之气质，由于天生，很难改变，唯读书则可以变其气质。古之精于相法者，并言读书可以变换骨相"。通过坚持读书，磨炼了他持之以恒的精神，增长了才干，懂得了为人处世的道理。

三是写家书。曾国藩仅在1861年就写了不下253封家书，通过写家书不断训导教育弟弟和子女，在他的言传身教之下，曾家人才辈出。正所谓习惯决定性格，性格决定命运。曾国藩养成很好的习惯，不仅成就了他自己，也影响了曾家后人。

办好家门口的每一所学校，给每一个孩子提供最适合的教育，应该成为新时代教师的追求。处在一个改革创新的时代，执着追求专业成长的学者型教师将会是教师未来的准确定位，是一所学校发展的重要基石。教师专业成长可以概括为四个方面：

一是强调专业知识。教师专业成长不仅要熟悉了解所教专业的必备知识，还必须不断更新知识。古人说，学然后知不足，教然后知困。知不足，然后能自反也；知困，然后能自强也。教师是一个需要终身学习的职业，学是积累，教是实践，相互提升，不可偏废。

二是强调专业技能。向学生传授终身学习的技能比传授学科知识更为重要。这就需要今天的教师加强反思、加强研究，揭示学习规律、成长规律、教育规律，促进学生一生幸福发展。

三是加强职业道德建设，提倡敬业爱生、乐于奉献的精神。国无德不兴，人无德不立。今天的教师必须加强学习，思考为谁培养人、培养怎样的人、怎样培养人等重大问题。善歌者，使人继其声；善教者，使人继其志。其言也，约而达，微而臧，罕譬而喻，可谓继志矣。今天的教师要努力学习当今师德模范的优秀事迹，自我反省检查，提升境界，努力做立德树人、教书育人的积极践行者。

四是强调专业知识的学术研究，在研究中不断提高教师教育专业化水平，不断创新。实践、阅读、反思、写作，就成为今天教师专业成长的必然之路。玉不琢，不成器；人不学，不知道。是故古之王者，建国君民，教学为先。教师需要潜心研究、创新探索、实践创新、实验推进、反思提升、揭示规律、育好人才。

五曰：心勤

曾国藩所说的"心勤"其实就是坚定的意志品质。曾国藩不管是从科考还是在平定太平军时"屡败屡战"，都有一种精诚所至的信念在支撑着他。从各方面下足功夫，功到自然成。曾国藩说："天下古今之庸人，皆以一'惰'字致败。"以勤治惰，以勤治庸，不管是修身自律，还是为人处世，一勤天下无难事。

曾国藩所说的"心勤"，对新时代的教师来说，具有重要的启发性与探索性。今天的教师要用心、用爱做教育。要用爱滋养爱、孕育爱、传递爱，通过真心、真情、真诚拉近同孩子的距离，温润学生的心田，使自己成为学生的知心朋友。把自己的情感和精力倾注到每一个孩子身上，用赏识提振起孩子的信心，用信任树立起孩子的自尊，让每一个孩子都能健康快乐地成长，让每一个孩子都享受成功的愉悦。尊重孩子、理解孩子、宽容孩子，又通过尊重孩子的言传身教引领孩子尊重他人。今天的教师要激情、执着、坚毅做教育。十年树木，百年树人。教育又是极其复杂而艰巨的事业，需要非凡的精力与持续的热情，需要执着的追求与坚毅的品质。学校每年都要送走一批毕业生、迎来一批新生，教师每天要面对几十甚至上百个学生，这些个体本身又处在不断变化之中，无论是培育习惯、指导方法、纠正错误、激活斗志、推动自主发展，教师都需要有足够的热情、足够的知识、足够的能力、足够的耐力、足够的毅力，足够的创造力去实现。教师需要坚定的信念、坚强的性格、坚持的精神、坚毅的品质，才能担当起教书育人的神圣使命。

习近平总书记说："教育决定着人类的今天，也决定着人类的未来。人类社会需要通过教育不断培养社会需要的人才，需要通过教育来传授已知、更新旧知、开掘新知、探索未知，从而使人们能够更好认识世界和改造世界、更好创造人类的美好未来。"只有千万教师的教育梦才能托起伟大祖国的强国梦！一个国家、民族、家庭只有做好人的培育，才能得以接续、繁衍、传承、发展。以"勤"相伴，金石为开。历经严寒的洗礼，接受酷暑的熔炼，你将欣喜在硕果累累、人才辈出的金秋季节里！

授人以"yu"，助推成长

社会的进步与发展，要依靠每一位公民的成长去实现；单位的稳定与壮大要依靠每一位员工的成长去保障。成长是一个永恒的话题，世界上有一条路不要拒绝，那就是成长之路。干部如何推动员工更好地发展，教师如何助推学生更好地成长，这是一个值得永恒探索的命题。解答这个命题，既需要在理论中跋涉，更需要在实践中探究。努力为每位公民创造良好的成长环境，用每一位公民的成长梦支撑起伟大祖国的强国梦。

授人以"鱼"

教师要给学生传播真善美。教师要用智慧教授学生科学、人文、艺体知识。科学求真，用科学知识武装头脑，才能客观地认识世界、追求真理，为真理而奋斗。人文求善，用人文知识丰厚精神，才会修身养性、积德行善，逐步达到行己有耻，止于至善的境界。艺体求美，用艺体知识充实身躯，培育艺体爱好，才会热爱生活，具备审美能力。知识让人告别愚昧，传播真善美，推动社会前行！

领导要给员工较高待遇。追求人生幸福，需要一定的物质条件做基础，全面实现小康，需要一定的物质条件做保障。单位的领导要在政策允许的范围内努力为员工提高待遇。公司领导要努力开拓优质业务，寻找到广阔市场，给团队带来丰厚的收入，以推动公司的良性发展。物质文明是精神文明的基础，但人决不能停留在物质世界里去享受，而应该在建设物质文明的基础上，努力追求精神的丰厚，让灵魂觉醒，共同建设美好的世界。

授人以"渔"

教师要善于教授学生学习的方法。授人以鱼，只供一餐；授人以渔，可享一生。教师在教学中，不仅要传授给学生知识，更重要的是培养学生的思维能力。知识是能力的基础，必须重视知识的积累与沉淀。但仅有知识是永远不够的，还需要掌握科学的学习方法，学会学习，培育自学的习惯，提升自学的能力，为终身学习打好基础。会学才会爱学，爱学才会乐学，乐学才会终身学习。教师要加强学法的研究与指导，要激发起学习的兴趣与追求。只有当学生学会了学习，又有了浓厚的学习兴趣，才能为终身发展做准备。

管理者要善于教员工的工作方法。管理者要把提升员工的专业能力，推动员工的专业成长放到首要位置，经常开展系列化的技能培训、专业进修等活动。遇到难题，领导要让员工自己去思考，从旁给予指导、协助，只有慢慢掌握做事的规律和方法，才能获得长远发展的能力。只有在知识储备的基础上提升综合能力，才能应对变化的世界，也才能创造更美好的世界。

授人以"欲"

让激情点燃梦想。教师有梦想，教育才有希望，孩子才能走向发展；孩子有梦想，家庭才有希望，国家才能走向强大。学校要努力创建梦文化，要尊重教师的主体地位，凝聚教师的力量，携手科学规划学校发展的宏伟蓝图，让蓝图成为教师成长的巨大精神力量。要激励广大教师勇做教育改革的先锋，要鼓励广大教师勇做学校改革发展的中坚力量，把每个教师的梦想融入学校梦、强国梦之中。要创新学校德育工作，点燃梦想、追寻理想，营造追梦文化，坚定理想信念，树立崇高追求，构建追梦场，在追梦的道路上不忘初心、砥砺前行！

激发员工上进欲望。一个集体的发展离不开员工的参与，只有员工的上进心被激发，才能推动集体更快地发展。作为领导不要急于给员工布置任务和灌输公司愿景，而应鼓励员工发现自己的职业目标，规划自身的职业远景，然后巧妙地引导他们将个人目标与公司愿景结合起来，从而产生一种努力的内在动力，使之变得积极进取。因每一个人的奋进而推动公司的良性发展，实现个人成长与公司发展的和谐同步。

授人以"遇"

搭建多元成长舞台。振兴民族的希望在教育，振兴教育的希望在教师，建设一支具有良好政治业务素质、结构合理、相对稳定的教师队伍，是教育改革和发展的根本大计。开展师德教育活动，建立共同价值追求；制定职业发展规划，促进教师持续发展；建立人才培养工程，促进各级人才成长；开展读书活动，丰厚教师精神内涵；开展技能竞赛，提高教师教学能力；抓好校本教研，提高教师科研能力；人人担当导师，提升育人智慧；创建师徒群体结对，促进教师全体成长；完善激励机制，激活教师内在潜能；搭建成果展示舞台，推进教育高质发展。

创造成长发展机遇。无论就业于哪个单位，对很多年轻人来说，学习做事、施展所学的机会甚至比金钱更重要，领导给予他们平台，放手让他们去挥洒热情，实现创意，会使团队中的每一个人都热情洋溢。给予成长的舞台，就是给予最大的信任，有助于每一个人的成长。每一个生命个体被激活，实现个体的自主成长、超越发展，也必将推进社会的和谐与进步。

授人以"愉"

创建微笑文化。要积极创建微笑文化，让微笑成为人们相处的基本方式。微笑不仅仅使人心情舒畅、精神振奋，而且能够消除忧虑、稳定情绪，可以加快血液循环，起到与胸部、肠胃、肩膀周围的上体肌肉运动一样的效果。微笑，不单是种表情，更是一种感情，是拉近人们之间距离的法宝，是融洽人际关系的催化剂。微笑，传递给人的是愉快和友善的情感信息，沟通着人们的情感，有利于工作激情的调动，更好地促进人的工作。

把愉悦带到工作中。领导者要善于创建愉悦的工作环境，注重了解员工的性格、爱好，通过创新开展文娱活动，制造欢乐、信任、彼此支持的氛围，让团队里的每个人都有归属感，让每个成员都成为真正的主人，这样才能更好地发挥主人翁精神，激发出每一位员工的强大动能，推动我们的事业蒸蒸日上。

授人以"愚"

要有迎难而上的冲劲。《愚公移山》是战国时期思想家列子创作的一篇寓言小品文。文章叙述了愚公不畏艰难，坚持不懈，挖山不止，最终感动天帝而将山挪走的故事。每个人在前行的道路上，绝不会一帆风顺，也许是荆棘丛生、波涛汹涌，需要坚定目标，历经挫折绝不动摇。滚滚江水遇上险滩、暗礁才激起美丽的浪花，魅力的彩虹总是在狂风暴雨之后。体验困难、挑战自我、顽强拼搏，在勇敢坚毅中攀登上自己生命的高峰。

传递务实稳重思维。村看村、户看户，群众看干部，干部的言行必须起到率先垂范的作用。正所谓大智若愚，领导不走捷径、不投机取巧，才能在整个团队里制造一种脚踏实地、行稳致远的浩然正气。团队成员也自然去效仿、自觉去行动。这样，每个人都充满责任感和集体荣誉感，他们就能够在理性思考中工作，兢兢业业去奋斗！

授人以"誉"

倡导激励教育。在孩子成长的道路上，必定会存在或多或少、或大或小、或远或近的问题，才需要持续地接受教育。孩子在成长的道路上，需要通过教育来矫正其成长中的错误行为，这是教育者的责任。但教育者一定要有教育的智慧，不要紧盯孩子的问题，而要有一双发现孩子点滴进步的慧眼，抓住有利时机进行科学有效的激励。多元的激励会点燃学生的成长激情，促使他们的学习动机更加强烈，让他们产生超越自我和他人的欲望，并将潜在的巨大的内驱力释放。持续的激励促其更加优秀，也会提升其自我矫正的能力，良性的、持续的激励教育，将成为推动孩子成长的巨大力量。

让员工获得赞誉。领导应懂得欣赏每个人，经常在员工身上发现优点，对好的表现给予称赞，说来简单，却是最有效的激励，这样的团队里，员工会因为得到欣赏，而更愿意努力，表现出最好的自己。赞誉应该是立体的、多元的、多样化的，既有物质的奖励，也有口头的赞誉；既有对过程的赞誉，也有对结果的赞誉；既有对整体的赞誉，也有对个体的赞誉；既有针对人的赞誉，也有针对事的赞誉；既有当面的赞誉，也有背后的赞誉。热情的激励、美好的赞誉，能营造出催人奋进的氛围，促进我们的事业蓬勃发展！

授人以"宇"

让精神博大。真正决定一个人生活质量的，并非物质，而是能量与精神境界。做人，努力得到的不是呼风唤雨的能力，而是淡看风云的胸怀。站得高才能看得远，看得淡才能放得下。背负太多，就会活得很累。生活是一种博取，努力才能确定自己的位置；生活也是一种休闲，明确生存的意义才能走向简单。心若强大又何惧路艰，心无风雨又何盼他人执伞，精心打造自己胜过所有的抱怨。追求精神世界的富有，丰厚的精神生活才是一个人成长的真谛！

让灵魂觉醒。生命，每个人只有一次，或长或短；生活，每个人都在继续，或悲或欢；人生，每个人都在旅途，或起或伏。走过的是风景，沉淀的是品质。

丰子恺说："你若爱，生活哪里都可爱。你若恨，生活哪里都可恨。你若感恩，处处可感恩。你若成长，事事可成长。不是世界选择了你，而是你选择了这个世界。"努力为每一位公民的成长创造积极的环境，每一位公民也要善于激发自身成长的激情，共同谱写生命更美丽的篇章，共同创造更美好的世界！

追寻生命的价值

"天命之谓性，率性之谓道，修道之谓教。"天命可以理解为上天给我们的使命，这个使命就是我们的本性。"天命之谓性"，反过来，"性"就是"命"，合起来就叫"性命"，每个人都有性命或者说"生命"。《易经》也说："生生之谓易"，即万物不断地生长，这是不变的道理。生命所承载的使命、所要遵循的道，就是追求更加幸福美好的生活，人类世世代代所做的努力，就是为了让自己生活得更美好，让子孙过得更幸福。习近平总书记说："人民对美好生活的向往就是我们的奋斗追求。"

每颗种子都要生根发芽，每个人来到这个世界都要奋力生长。很多身患绝症的病人，甚至明知自己没有多少生存的希望，仍然要跟病魔做斗争，这就充分展现了顽强的生命力。我们这代人的记忆里有一位全国闻名的英雄人物张海迪，她为什么能感动人？就是因为她有强大的生命力。这种强大的生命力是每个人都要学习和追求的。"天行健，君子以自强不息"，所强调的也是这种"生"的精神。

生命的意义就是充分展现自己的生命力。生命力由人而生叫"人力"，由物而生叫"物力"。种子破土而出的力量无比强大，人的生命力也可以超乎想象。

生命的起源

"地球在宇宙中形成以后，开始是没有生命的。经过了漫长的化学演化，就是说大气中的有机元素氢、碳、氮、氧、硫、磷等在自然界各种能源（如闪电、紫外线、宇宙线、火山喷发等）的作用下，合成有机分子（如甲烷、二氧化碳、一氧化碳、水、硫化氢、氨、磷酸等）。这些有机分子进一步合成，变成生物单体（如氨基酸、糖、腺甙和核甙酸等）。这些生物单体进一步聚合作用变成生物聚合物，如蛋白质、多糖、核酸等。蛋白质出现后，最简单的生命也随之诞生了。这是发生在距今大约 36 亿多年前的一件大事。从此，地球上就开始有生命了。生命与非生命物质的最基本区别是：它能从环境中吸收自己生活过程中所需要的物质，排放出自己生活过程中不需要的物质。这种过程叫作新陈代谢，这是第一个区别。第二个区别是能繁殖后代。任何有生命的个体，不管它们的繁殖形式有如何的不同，它们都具有繁殖新个体的本领。第三个区别是有遗传的能力，能把上一代生命个体的特性传递给下一代，使下一代的新个体能够与上一代个体具有相同或者大致相同的特性。这个大致相同的现象最有意义，最值得我们注意。因为这说明它多少有一点与上一代不一样的特点，这种与上一代不一样的特点叫变异。这种变异的特性如果能够适应环境而生存，它就会一代又一代地把这种变异的特性加强并成为新个体所固有的特征。生物体不断地变异，不断地遗传，年长月久，周而复始，具有新特征的新个体也就不断地出现，使生物体不断地由简单变复杂，构成了生物体的系统演化。"（摘选自《中南大学远程教育生命科学问答题答案》）生命的诞生需要地球母亲几十亿年的辛苦孕育，今天世界上五彩斑斓的生命是多么来之不易。人，是猿类动物经历两千五百万年的不断进化而成，是大自然经历几十亿个春夏秋冬孕育的。我们每个人都应怀着对自然的敬畏、对生命的敬重，追寻生命的价值，彰显生命的意义。

生命是什么？它可以是田野中的秧苗，可以是山坡上的小草，可以是湖中的小鱼，也可以是高空中飞行的大雁。人是生命链条中最具有情感追求与创新智慧的动物，人生就是一次愉悦而辛劳的生命之旅，在生命的行进中，有平坦大道，也有坎坷险地。当生命之路顺风顺水时，我们应该学会珍惜当下和仰望星空；当生命之路异常艰险时，我们应该学会坚强与挑战。罗曼·罗兰说："世界上只有一种英雄主义，那就是了解生命而且热爱生命的人。"

生命的责任

鲁迅说："真正的猛士敢于直面惨淡的人生。"因为责任，我们必须在逆境中挣扎；只有挣扎，才会使山穷水尽变得柳暗花明，才会使悲剧性的生命变得伟大。截瘫的史铁生因为对生命的责任而坐在轮椅上讲述遥远的清平湾的故事；残臂抱笔的朱彦夫因为对生命的责任而写出了 30 万字的极限人生。

责任不是甜美的字眼，而是如同岩石般的冷峻，一个人真正了解到责任时，责任如同一份人生礼物已不知不觉地落到你背上。每个人的人生都不是一帆风顺的，抱怨没有用，逃避不可能，生命的重担需要自己去扛起，生命的崇山峻岭需要自己去攀登跨越。生命需要勇气去挑战。没有比人更高的山，没有比脚更长的路，大海无边天作岸，高山有顶我为峰。

国家兴亡，匹夫有责。一个人的责任感在于他对自己、他人、国家和社会所负责任的认识，情感和信念，以及与之相适应的遵守规范，履行义务的态度。"穷则独善其身，达则兼济天下"的人生理念，为历代有识之士所追求。

爱因斯坦说："人只有献身社会，才能找出那实际上是短暂而有风险的生命的意义。"生命的责任会使你懂得珍惜，珍惜每一个日子，每一阵风雨，每一泓秋水，甚至每一次飘零……理想和现实之间有冲突也有和谐，请用你的智慧，选择最佳契机，去寻找最合适的土壤，生根发芽，茁壮成长，走过这段肩负神圣责任的人生之路！相信我们的未来不是梦！

生命的信仰

作为人类生命特有的精神现象，信仰的源出之根是生存，信仰的存在就如人的存在一样真实。信仰是人之精神因为渴慕崇高而对现实本我进行的自觉超越，在本质上是人寻找生命意义、探求存在真谛的特有方式。

信仰是人类文化的核心价值。信仰以其蕴含的价值观念为道德提供了内在支撑，信仰以内在的主动性弥补了法律的刚性缺陷，信仰以其对人的精神状态和实践活动的影响引导着科学的发展，信仰因其对人类生命意义的终极关怀赋予艺术以灵魂，信仰是人类意识的最高形式。

信仰是人类掌握世界的一种永恒独特的方式。作为人类专有的掌握世界的方式，信仰的发生使得人类可以突破认识世界和改造世界的有限性，在实践生存的过程中实现精神信仰的有意识超越。

信仰是人的多样性存在的最高统一。人类生命的完整性表现为一个随实践展开的多样化存在发展的动态过程，依据人之生命存在的不同状态，人类信仰也呈现出多种类型，构成了一个有机统一的信仰体系，而人的解放和全面发展就成为人类生存发展的终极价值选择。

信仰是人类独有的终极性关怀。信仰从终极角度体现着人类的精神性关怀，是根植于人类的现实生活又不断超越现实的一种追求和超越过程，以信仰的方式不断探究生命存在的终极意义是人生在世的一种必然状态。

信仰的基本形态可以分为原始信仰、传统信仰和现代信仰。原始社会是人类社会发展的最初形态，也是人类信仰得以形成的最初阶段，在这一阶段中，由于生产力水平的低下，人完全依赖于自然以及群体而存在，原始信仰就成为人们对抗强大自然力，维系共同体统一行为的精神力量。当人类进入阶级社会后，人与人之间的统治服从关系随着私有制、阶级和国家的出现而形成，信仰反映了这种阶级分化的趋向并服务于特定的社会需要，于是，在传统阶级社会中，不仅从原始自然宗教中羽化出人为宗教，人们也开始进行理性的哲学思考，宗教信仰和哲学信仰以不同的方式实现了对人之生命意义的精神关怀。人类进入现代社会之后，随着以物的依赖性为基础的人的独立性的发展，马克思主义信仰、人本主义信仰以及科学主义信仰等先后确立并得到了迅速发展，成为现代社会的主要信仰形态。

人的现实生命活动是人的精神信仰生活得以形成的基本前提，真理和价值原则反映了人类生命活动的必然追求。一旦当人类生命活动的真理维度和价值维度之间的平衡状态被打破，人们势必会身陷生存困惑之中，信仰危机的发生也就在所难免。从信仰主体的角度来看，信仰危机是一种主体价值选择的危机；从信仰客体的角度来看，信仰危机是具体信仰对象或信仰内容的真理性危机；从人的整体性生存来看，信仰危机是一种蕴含转机的必然性危机。抓住危机蕴含的转机促进信仰的重构的可行性方式包括以主流文化为引导，以传统信仰为依托，以多种信仰为载体。就当代中国社会呈现的信仰危机来看，信仰重构的现实路径就是要坚持以马克思主义信仰为主导，重视以儒家信仰为核心的传统信仰的社会作用，积极创设多元和谐的社会环境促进信仰的共荣发展。

马克思主义信仰与人的全面发展联系起来彰显马克思主义信仰的时代价值。马克思主义的全部学说都可以理解为以"人的解放"为终极旨趣的有关人的全面发展的学说。马克思主义是一种科学的理论，更是一种科学的信仰，马克思主义信仰的诞生引发了人类信仰史上的伟大变革。站在唯物史观的高度上，通过将人的本质还之于人，坚持人是人的最高本质，马克思主义将人类解放作为自己的最高理想；通过对人存在历史形态的理论分析，马克思主义对人之全面发展的演进道路进行了理论探索；通过对人类生存发展的实践分析，马克思主义展开了实现人的全面发展的现实道路。总体上来说，马克思主义是要用自己的哲学来改变世界，开创人类生存的至高境界。因此，只要人类的自由发展没有实现，人类生存的异化状态依然存在，马克思主义关于人的全面发展的价值关怀就不会过时。中国特色社会主义是马克思主义信仰的现实性品格的具体体现，是马克思主义信仰中以人为本的"终极理想"与世界范围内社会历史性的"现实运动"相结合的产物。我们距离实现人的全面发展的终极目标还有相当的距离，需要我们有坚定的信心和足够的耐心。因此我们现在能做的而且要做的就是坚定马克思主义信仰，沿着中国特色社会主义道路昂首前进。

生命的坚强

生活就像海洋，只有意志坚强的人，才能到达彼岸。经历过半夜抱头痛哭、经历过内心的孤寂与寒冷而依然坚定初衷、矢志不渝、越挫越勇，那才叫坚强！

流水在碰到抵触的地方，才把它的活力解放。经一番挫折，长一番见识。

一株无名的小花，不因牡丹的绚丽而自卑，默默地为春天增添一抹色彩；一棵山楂树，不因苹果的硕大而自枯，默默地为金秋捧出几簇红果；一脉小溪不因江河的绵长而干涸，默默地滋润一方土地。物皆如此，何况人呢？

生命需要坚强。有些人却因为一些不值一提的事情而自杀——失恋，成绩不好，自闭，甚至赌气，但这些小事都可以成为自杀的理由吗？那对于他们而言，生命的价值就只是这样吗？那些在病床上挣扎着，天天都在生死线上徘徊着的人，那些在地震中坚强地等待救援的人又算什么？看过一个纪录片，在汶川地震中幸存的一个女孩失去双腿，她依旧用乐观的态度去对待每个人，她是真正的生命的强者。生命需要坚强！

生命唯有忍耐，才能创造辉煌。当美丽的蝴蝶在花丛中翩翩起舞时，你可曾想到，蝴蝶的生命来之不易。上天给了蝴蝶翅膀，让它们能在天空中自由地飞翔；然而，蝴蝶是由蛹化来的，当在蛹中挣扎时，需要把血液挤进翅膀。谁都帮不了它，只有它自己努力。不经过挣扎的蝴蝶是飞不起来的。蝴蝶的美是一种坚强的美。

生命的长度

人需要以生命的长度思考今天的人生。一个人在思考自己人生方向的时候，有一个非常重要又实用的方法——由终点开始思考。俗话说"人生七十古来稀"，你可以先想好 70 岁想干什么，达到什么程度，正在干什么，身边会有什么人……当明确这些时，你就知道 50 岁的时候自己应该在哪里，已经完成了什么；再推想 40 岁、30 岁以至于今天。一所学校的发展更是如此，十年后想处在什么位置，达到什么程度？五年后应该在哪里？三年后应该在哪里？两年后应该在哪里？我们今天应该做什么？……这就需要进行战略规划。

一个人活得很长，这是通常意义上的生命力，即寿命，与健康有很大关系。但也有些人活得并不太长，比如王阳明，才活了 57 岁。还有很多人可能生命更短暂，如革命年代的很多先烈，他们是"年纪轻轻干大事，年纪轻轻丢性命"。这些人的生命不能以生理的长度来度量，而是要看能产生持续影响的时间。孔子已经去世了两千多年，仍然在影响我们，必将还会继续影响我们的子孙后代。我们所追求的应该是这样一种生命的长度。

在人类社会的长河中，每一个人的生命都是短暂的，人生的每一步行动都需要有长远的眼光，需要珍惜当下的生活，让生活变得崇高而伟大。生命需要有一种精神，这种精神不断地感染启迪人们去追求生活的幸福，创造人类的美好。生命总有一天会停止，但人的精神长存。

生命的宽度

生命的宽度首先体现在一个人的文化内涵、专业学识、生命智慧上。其次，人生能够做多大事、影响多少人、影响多大范围等可以视作生命的宽度。

无水无以成江河，无知无以成教师。首先，从事教育工作要有丰富的知识，熟悉学科的知识结构和各部分知识之间的内在联系，了解学科的前沿动态及发展趋势。"巧妇难为无米之炊"，教师只有"肚里有货"，才有"生产"的本钱；教师只有让"肚中之货"日趋壮大，才有"生命"的产生，才能让教育教学焕发出生命的活力。其次，教师最忌孤陋寡闻、眼界狭窄、知识结构单一。现代意义上的教师不仅要在学科上"深挖洞"，而且要在相关学科的知识上"广积粮"；不仅强调知识的纵深发展，而且强调知识的横向联系，注意对事物的整体结构、功能与作用的整体把握；不仅要树立起对学生思想发展、心理发展、身体发展、学科内容及教学方法的探究的职业兴趣，还要树立起学科之外的广阔的求知兴趣，形成具有综合性、渗透性的知识结构。第三，教育的对象是活生生的人，每个学生都有自己的世界；世界也绝没有一成不变的个人，每个学生都在不断地发生变化。因此，教师只有具备较好的教育学知识，具备较强的心理学素养，才能使自己的行为符合教育教学规律，符合青少年的心理发展特点，才能更好地将知识内化为学生的能力，更好地促进学生的全面发展，也才能使教育真正成为孩子的"心灵归宿"。

一个人的生命宽度展示的是自己的独特名片，只有不断地去拓宽生命的宽度，才会展现出生命的尊严与气质，才能不断促进精神的发育与超越，才能更好地影响与感染身边的人，才能让这个社会变得更加崇高与美好。

生命的高度

　　与人类的高度文明智慧对话。人类文明的发展史是一个不断创造与超越的历史，人类历史源远流长、博大精深。人类发展的文明与智慧通过书籍记录下来。走进阅读的世界，感受先贤的聪明才智，亲近书籍，与人类高度智慧对话。读书的乐趣无穷，可以驾驭着心灵，去到我们想去的地方，感悟自然的美好，与大师对话，感悟心灵的美妙和人生的哲理，找到前行的动力和方向；站在巨人的肩膀上，探求世间的奥妙，领悟宇宙星空。每一本书中都蕴藏着你所期待的自己，不妨捧起一本好书，让浮躁之心得以慰藉，让心灵得到滋养，让人生顿然领悟，让生命更加精彩！

　　一定要站位高，才能看得更远。传道之人，必须闻道在先；塑造他人灵魂的人，必须自身要有高尚的灵魂。唯有如此，教师的教育才会真正有一种神奇的魔力，深深地吸引并感染学生。试想，如果让抛弃美国优厚待遇、排除万难、毅然回到祖国的钱学森来给学生讲爱国，学生们就会很自然地体会到那种伟大的爱国情怀，会为之感动并铭刻在心。相反，如果让那些道德修养差、自私自利的教师去教育学生，学生不但不接受，反而会产生抵触情绪和逆反心理，这无形中给教育增添了很大的阻力。一个品行低下的教师就像一条被污染的河流一样，影响社会的环境，腐蚀学生的灵魂。生命的意义并不在于长短，行尸走肉地延长生命，不如追求真理，哪怕只有短暂的生命。

　　种子要生根发芽，不断向上生长，才能长成参天大树。每个人从本性上说，都会积极追求向善向上的生活，这是良知给人的力量和方向。每个人的一生都在修炼，而生命的价值不在于所炼之"金"的分量，而在于纯度。"大学之道，在明明德，在亲民，在止于至善"，修炼一颗纯粹的心，可以同时拓展生命的长度、宽度、高度，成为一个大写的人。

命运共同体

"一带一路"倡议的思想基础是习近平提出的人类命运共同体。"共同体"意味着全世界的人与人之间就是一个有机整体。中国哲学认为"天人合一"，王阳明强调"万物一体"，都包含着共同的智慧。当今世界，任何一个国家、任何一个地区都不可能独善其身。战争、恐怖主义、饥荒、环境污染、气候变暖、资源衰竭，等等，所有这一切，都是人类共同面临的问题。建立人类命运共同体，就是为了使全世界的人们过上更加幸福美好的生活，这是天下的人心所向、大势所趋。

"一带一路"建设，建立人类命运共同体，这时，我们有了共同的目标和信念，我们的心就联系在了一起。我们这代人在见证历史，我们也在参与历史、创造历史。

当生命之花绽放的时候，我们要珍惜生命的每一天，好好地生活，好好地做人，让自己每天都充实，每天都活得精彩。这就是我们给生命价值献上的最好礼物。

追求永无止境，奋斗永无穷期。在新课程的改革中，我不断地思索着：社会在发展，时代在进步，一个孩子是一个家庭的重托，是社会的重托，作为教师，怎能掉以轻心！全面推进素质教育，提升孩子终身发展的关键能力与必备品格，使每个孩子得到最优质的教育，我们教师责无旁贷。所以，我们要用心去爱学生、引导学生，用我们的"情"和"智"去培育学生，这是我们的本分。我相信，只要我们事事用心，不断创新，就可能不断地认识自我、提升自我、超越自我。只有这样才能真正实现自己的人生价值，我们的教育事业才会永葆青春。

为成长加油　为青春喝彩
——献给高三奋斗的同学们

生命对每个人只有一次，而青春则是这仅有的一次生命中宝贵的一段。青年是祖国的未来，是民族的希望。在任何一个时代，青年都是社会上最富有朝气、最富有创造性、最富有生命力的群体。青春是美好的，没有使命感的青春便是贫血的青春。我们要怎样才能实践自己肩负的历史使命，怎么样才能使自己的青春光彩照人呢？

流星虽然短暂，但在它划过夜空的一刹那，已经点燃了最美的自己。让我们都做夜空下那颗闪亮的星星！让我们肩负起历史的使命！让我们身体里流淌的血液迸发出激情！让青春怀揣远大的志向和崇高的理想！让青春展现面对峰回路转，披荆斩棘、举步探索的毅力！

成功需要厚积薄发

人生追求成功，但成功，需要厚积薄发，要忍受煎熬，要耐得住寂寞，坚持，坚持，再坚持，直到最后成功的那一刻。

一个池塘里的荷花，每一天都会以前一天的 2 倍数量在开放。如果到第30 天，荷花就开满了整个池塘。请问：在第几天池塘中的荷花开了一半？第15 天？错！是第 29 天。

第一天开放的只是一小部分，第二天，它们会以前一天 2 倍的速度开放。到第 29 天时荷花仅仅开满了一半，直到最后一天才会开满另一半。也就是说：最后一天的速度最快，等于前 29 天的总和。这就是著名的"荷花定律"。

其中藏着深刻的道理：成功需要厚积薄发，需要积累沉淀。透过这个定律去联想人生，你会发现，很多人的一生就像池塘里的荷花，一开始用力地开……渐渐地开始感到枯燥甚至是厌烦，有人可能在第 9 天、第 19 天甚至第 29 天的时候放弃了坚持。这个时候的放弃，往往离成功只有一步之遥。很多时候，甚至可以说大多时候，人能获得成功，关键在于毅力。

据说人这一生大概能遇到 7 次机会，都是可以改变人生的机会，而这样的机会往往都是在前期日复一日的投入和坚持才能遇到的机会。所以说，如果有梦想就要先动起来，然后坚定不移地执行下去。

青春要以激情飞扬的状态去搏击

青春要以激情飞扬的状态去搏击。青春如同毛泽东同志所说："恰同学少年，风华正茂；书生意气，挥斥方遒"，"就像早晨八九点钟的太阳"。青春真是美好的时代！习近平总书记在 2013 年"五四"青年节寄语青年："人的一生只有一次青春。现在，青春是用来奋斗的；将来，青春是用来回忆的。"2018 年新春寄语："新时代是奋斗者的时代"，更是点燃了 13 亿多人民的奋斗豪情。不同时代的青年面对不同的历史课题，承担着不同的历史使命。新时代青年更要坚定"奋斗的青春最幸福"的人生信念，努力成长为德智体美全面发展的一代新人。因为"只有奋斗的人生才称得上幸福的人生"，只有这样才不至于回首往事时，因为碌碌无为、虚度年华而悔恨；也不会因为为人卑劣、生活庸俗而愧疚。

身处高三毕业班的同学们，不避讳地说，我们的学习相当一部分是为了升学。有些人厌恶高考，痛恨高考，他们只看到高考是人生的一道难关、一场恶战，而高考的另一面却被忽视：高考是对人生的磨炼。磨炼是痛苦的，但痛苦的磨炼令人收获。蝴蝶破茧成蝶，凤凰浴火重生。高三的我们能否舍弃短暂的快乐、收获未来的幸福，就在此一搏。我们没有理由不抓住这次宝贵的机遇，面对高考，赢得高考。

放眼未来，我们的学习不仅仅为了分数，或者说不仅仅为了中高考，学习培养的是一种自我提升的能力，一种开放的思维系统。学习使人优秀，使人进步，使人开阔，使人创造，使人为未来做好准备。古人把"十年寒窗"当作博观约取、厚积薄发的人生积累阶段。学习正是为人生打下伏笔，没有今日俯首准备，焉得明日大放光彩？享受学习、增长才干、收获未来，这才是学习的目的。

为了未来积累，这同样决定了学习的方式：绝不可能一蹴而就。今日聚光灯下的牛人，更准确地说应是蜗牛人。他们像蜗牛一样缓慢地爬行，但他们有方向，并认准方向，坚定目标、永不止步。走在优秀行列的同学们，靠的是日日钻研，才最终走到聚光灯下。从不放弃每一天、从不让学习的机会溜走，慢行的蜗牛也能享受学习、收获学习，因而越爬越快，蜗牛到牛的蜕变正是这样完成的！

那些悔恨自己还是蜗牛的人，你们没有借口，与其大谈特谈潜质，不如自己创造成功人生的潜质。向前爬并不困难，难的是勇气、难的是激情、难的是坚持、难的是专注。人生的积累不是打游击，不是搞突袭，一曝十寒的学习方式只能造就跳蚤，那些抱怨学无所成的人你们可曾真正在学习，真正投入了全副精力、全力以赴，还是只是敷衍、应付地原地蹦跳？当你真正全神贯注、锲而不舍地融入学习，你会突然发现学习已成为一种习惯，你渴求优秀，走向优秀，并超越优秀，走向卓越！

把优秀当成人生的习惯

优秀不是特权,属于每一个肯为之努力、善于奋斗的人;优秀不是天赋,"优秀是一种习惯",优秀的人把进取当作人生的事业,为之付出心血、泼洒汗水,得以笑面人生、收获人生。你或许觉得离优秀太遥远,但当你真正渴求它并为之而奋斗时,也许会突然间降临,成为伴随人生的习惯。渴求进步,努力学习,你会不断收获学习、取得成功。成功的秘诀很简单:把优秀当成人生的习惯,并为之不懈奋斗!

伟人之所以成为伟人,他们是与自己战斗的胜利者。心灵的战场严酷而又纷纭。与自己作战,艰苦而又痛苦。因此,要相信自己能成为生活的胜利者,首先你必须成为与自己战斗的胜利者。

渴求优秀的学子们,用我们勤劳的双手、智慧的大脑,创造属于我们的奇迹,在个人人生中大书一笔,在北实的历史上大书一笔。100天的时间用来挥霍太可悲,用来收获永无悔,我再次倡议:燃烧斗志,享受磨炼,珍惜时间,充实生命,让高中生活在最后美丽的时辰腾起成功的烈焰。

新时代是奋斗者的时代,奋斗的青春最幸福。青年朋友们,让我们牢记习近平总书记的讲话精神,坚持把人民对美好生活的向往作为奋斗目标,切实把奋斗精神贯彻到进行伟大斗争、建设伟大工程、推进伟大事业、实现伟大梦想的过程中,做个幸福的奋斗者。努力向前走,创造新未来!为成长加油!为青春喝彩!

为未来生活做准备

——写给高考后的高三同学们

刚刚参加完高考的同学们：

大家好！

首先恭喜你，穿过了人生第一个黑暗隧道，历经勇敢攀登，终于爬上了一个小土坡，从此以后，再碰到什么大考小考，天空就会飘来六个字"那都不是事儿"。

当人从长时间的持续奋斗、紧张疲惫中一下解脱出来，十有八九会进入失重状态，辛苦那么久，你想尽情调整休息、吃喝玩乐，带点报复和肆意的快感，很正常，我只想提醒你，安全、安全、安全至上，只有安全才有未来！日子还长，慢慢来——除此以外，父母生你不易，养你更难，你的安全不仅属于你自己，请你，且行且思、且乐且珍惜。

我猜你吃喝玩乐十天以后，七成就会进入那个状态——睡得昏天暗地，醒得头昏脑涨，目光呆滞地洗漱，蓬头垢脸地上网，热火朝天地聊天，两眼贼光地打游戏，父母心疼你苦了太久，懒得跟你大呼小叫，睁一眼闭一眼，由着你吧，然后你就慢慢颓废了，干啥都不用心、不起劲，一心等分数，一心等开学，一心等待着未来。

三个月假期说长也短，不知不觉间你就上大学了，然后你会发现，你上当了！大学并没有想象中那么自由和高大上，搞不好校舍没有咱们的中学洋气，课程比中学还乏味枯燥。你的中学老师们，心地善良、勇于挑战，用心做事、用爱陪伴，与你一起欢笑、一起成长。什么时候想起来，都是那么温暖，生活是那样有故事。然后，你的大学记忆里，同学永远比老师清晰，回忆的往往是同学之间的友谊，同学之间的那些故事。当然，大学里也可以碰到影响你一生的人生导师，这就看你的运气了。

关于青春

18 岁的青春是最绚丽的。不仅有最美的外表，更有强大的内心；不仅有青春的激情，更有创新创造的能力。青春应该有美好的梦想，每个人都渴望成功与幸福，但如果只停留在梦想与渴望中，这一切都只能是空想。只有行动，才能把梦想变为现实；只有勇于创新挑战，才能创造美好未来！所以，不能等待，我们要立刻向着人生目标行动！

18 岁的青春要去探究人性之美。人性之美永远照亮人类前行的方向。悲天悯人的情怀、坚毅不屈的精神是人性之美；承担青春的责任，矢志不渝地奋斗是人性之美；不畏困难的品质，迎难而上的坚毅是人性之美。生命就是一场经历春夏秋冬、体验酸甜苦辣的奋斗过程。没有雨雪冲洗的天空不明朗，没有苦难涤荡过的心灵不纯粹，没有泪水沉浸过的眼眸不深邃，没有折射的阳光单调不奇美，没有奋斗的人生淡然无味。希望大家以那些坚守理想价值、具有高尚品格的人为榜样，在完善自己、铸就个人美好人生的同时，温暖整个世界。

18 岁的青春是锤炼本领的最好时光。学习是练就本领的最佳途径。学习不仅需要安静的环境，更需要安静的内心。只有心无旁骛、潜心笃学，才能获得真知、增长才干；只有坚韧不拔、百折不挠，才能超越自我、升华人生。

年过半百的我，也有过自己的青春时光，也目睹了许许多多生命的发展，有三点人生感悟与大家分享：

1. 因不能自律而失败的人，比因其他任何原因而毁掉的人都多。

2. 无须惊天动地，仅就"安分守己"而言就需要一生的努力，每个人都要努力做到守规则、守时间、守承诺。

3. "成长"和"活着"是两个概念。成长是内心充实的发展过程，是积极的生活态度；而"活着"的最佳状态不过是积极地消费。

当下的青春不是用来享受的，是用来奋斗的，只有奋斗的青春才美丽。未来，青春是用来回忆的，只有将美好的青春投入到奋斗中，才能带来人生的丰满，青春才能成为一首激情澎湃的歌，唱响生命的旋律，实现人生的价值！

关于暑假

这个假期，在生命的旅途中有着不同的意义，是继往开来的转折时期，值得认真思考与规划。我给同学们一些可行的建议：报个名，去把驾照考了，因为驾车是现代人的一项基本技能；约几个靠谱的朋友来趟靠谱的旅行，因为旅行能让你看到不一样的风景；去听音乐会、买畅销书、看热门电影，这样可以丰富你的生活；去把一直想学的乐器学了，看你想看的书，干你一直想干的事儿，这些都会给生命增添色彩。动起来，你会发现生命的价值与意义，你会发现生活真的很美好。

这个假期最重要的事儿不是瞎玩，而是陪父母。陪伴他们一起锻炼、一起休闲、一起做饭品尝美食、一起打扫卫生、一起娱乐开心，修补一下被升学教育折磨得千疮百孔的亲子关系。你的人生，从某种意义上讲，和父母的分离即将开始了。在家的时间越来越少，注意力开始无限外放和分散，唯独注意不到身后日渐衰老和孤独的两个人。我18岁离家求学后，几乎再也没有跟父母相处超过一个月的时间，我一直以为来日方长，却不料一向健康的父亲会在23年后离我而去，没有很好地孝敬老人，更谈不上好好地陪伴，是终生遗憾。这世上有很多事都是"此情可待成追忆，只是当时已惘然"，人生无常，事有偶发，岁月无情，后悔莫及，如果你把我的话听进去了，一切都来得及，回忆往事，就会少一些遗憾！

向陪伴成长的人说声"谢谢"。感恩的心意永远不会迟到。六月季，既是毕业季，也是感恩季，感恩老师，感恩父母，感恩一直给予鼓励，一直陪伴身边默默付出的亲人和朋友。比如表达对老师的感谢，不一定是请客吃饭的"谢师宴"，也可以是一句话、一条短信、一次真诚的道别。高考后，对辛劳的父母说一声，"谢谢您的爱"。多去看望年迈的爷爷奶奶、外公外婆，这是你生命起源的地方，在这无拘无束的时光里多陪陪老人。

在生命的每一段时空里，都有着自身的职责与使命，暑假的时间值得珍惜，做好假期的时间规划，让三个月的假期在充实而愉悦中度过，为大学生活、为未来发展做准备。

关于大学

人的核心竞争力，有一半以上都来自专业以外的视野与综合能力，譬如多年阅读积累出来的生命智慧；譬如长期坚持锻炼而铸就的强壮身体；譬如由良好的家庭教养而熏陶出的好品质；譬如良好的人际沟通表达能力让你结交更多优秀的朋友，等等。所以，在大学里，除了专业学习以外，你要做的事儿还很多，一定要努力打好基础，提升自身的综合素养。

走进大学图书馆广泛阅读。苏霍姆林斯基说："要学会自己天天读书，不要把今天的工作搁到明天，今天丢弃的东西，明天怎样也补不上了。"金庸说："只要有书读，做人就幸福。"大学时代是读书的极好时光，以图书馆为友，浸润在书海里，促进精神的良好发育与思想的不断升华。国学大师钱穆说："古往今来有大成就者，诀窍无他，都是能人肯下笨劲。"胡适也说："这个世界聪明人太多，肯下笨功夫的人太少，所以成功者只是少数人。"代表钱锺书学术成就的《管锥编》，引述4000多位名家的上万种著作中的数万条书证，汪洋恣肆，博大精深。有些人可能不知道，他进入清华后，目标是"横扫清华图书馆"。他的治学心得是："越是聪明人，越要懂得下笨功夫。"俞敏洪谈到他的大学生活时说："不管北大给了我什么样的影响，大学期间读的500本书，才是真正决定我人生和未来的关键。"如果这四年你没有荒废，未来四十年你就有可能相对从容。成长从来不是一蹴而就的，哪有什么人生开挂，只不过是厚积薄发。

去寻找所有能营养你的东西。那些跟艺术、跟健美、跟文化修养、跟生命视野有关的东西。譬如听一些好的音乐，有一门艺术特长，既能让你血脉贲张，也可以让你沉默安详；有一门体育特长，养成终身锻炼的习惯，练出一副好身体，担当重任才有了前提；看一些经典好片，体会光影背后的深邃；了解所学专业的前沿发展与未来走向，应对职业的能力存贮与精神准备，为未来职业打基础；还有那些高质量的讲座、培训和公开课，能吸收就不要错过。

20岁前后是人生的加速上升期，多做加法，好读书、广交友、善思考、勤做事。与优秀的学哥学姐做朋友，他们刚从你的年纪走过，理解你的想法和困惑，有很多经验和教训值得借鉴吸取，这会让你在未来三五年内少走不少弯路。"听君一席话，胜读十年书。"

多运动、多参加社团活动，切莫放纵。因为年轻，所有的身体指数良好到会让你失去警惕性，从而会做出许许多多伤害身体的事情，给进入中老年时代留下隐患。我亲眼见过在政府、企业招聘中千里挑一胜出的大学生，在随后的体检中惨遭淘汰，拿着报告单在医院走廊里放声痛哭，忏悔自己大学几年疏于运动、作息不规律，等等。

人无远虑，必有近忧，大学生活需要将感性与理性统一。我们所做的每一步行动，都会影响下一步发展，人生是一个完整的链条，一环套一环。生命需要整体规划，做好科学设计。大学毕业时，是选择继续深造、去哪儿深造，还是选择就业、去哪儿就业，这些都明明白白的时候，就知道自己脚下的路如何走，大学生活如何过。大学生活是美好的，美好的生活是在奋斗中创造出来的。

关于生活

追求生活的幸福是人类永恒的话题。有国才有家，有家才会有幸福生活。肯尼迪说"不要总是问国家为你做了什么，你要常问自己为国家做了什么"，这话适用于全世界的年轻人，用来解读个人和国家的关系。以一己之力，或许对全局没有大的改观，但是鲁迅先生早说过："世上本没有路，走的人多了，也就成了路。"借一句网络金句，更加直白简单——"你有阳光，中国就不会黑暗"。越是年轻，越要有意识地积累智慧，辩证地看问题，尤其不要在网上胡乱吐槽泄愤，逞口舌之快，做无用之功。与其抱怨，不如实干。改变不了别人，不如改变自己，让自己成为更加优秀的人，才能正面影响身边的人，从而使这个社会变得更加美好。

精神生活的富有才是生命的最大价值。在过去物质匮乏的年代，不断做物质加法——为家里添置冰箱，买回电视机，配齐洗衣机，再买辆车……从一无所有的状态到"全副武装"的过程，确实能给人幸福的感觉。但现在，物质空前丰富，在一个万物具备、什么都不缺的年代，占有物质很难再刺激我们的感官，让我们获得长久的满足。在新的时代，比起金钱和物质，更重要的是精神层面的充实感。从实物中获得的满足感只能持续很短的时间，但是我们宝贵的经历以及从中获得的知识，将永久地入驻我们的生命。即使家庭出身贫困，也不要只看眼前的物质利益，从长计议、打好基础、练就本领、塑造品质，在奋斗中创造幸福的生活。

有教养的人才会有充实愉悦的生活。教养像是万物复苏的春天，给人带来百花齐放的美好享受，又像是高温炎热的夏天，让人感受到火辣辣的热情。毕淑敏说："教养是细水长流的，具有某种坚定的流向和既定的轨道性。"教养是后天养成的品质，但一旦养成，就深植于我们的骨髓。无论在什么时候，展现我们的教养，等于展现我们灵魂的模样。

生活不是等着暴风雨过去，而是学会在风雨中跳舞。年轻没有失败，不要让进取的心停止跳动。受挫一次，对生活的理解就加深一次；失误一次，对世间的顿悟就增添一成；不幸一次，对人生的认识就成熟一度；磨难一次，对成功的内涵就审视一番。人生是单行线，不能回头走，只能回头看，吸取教训、积累经验、探寻规律；努力向前走，满怀期望、憧憬未来，坚持、坚定、坚韧地走下去，明天会更美好！

关于生命

生命并非一个发现的过程，而是一个创造的过程。你不是在发现你自己，而是在重新创造自己。所以，别急于发现你是谁，而该急于决定你想做谁。竞争激烈的时代需要的，不是优秀而是出色，而出色一定是把事情做到极致的人们的行为标志。你认真一时，远远不够，只有恒久的认真，把认真做到极致，才会实现自己的理想，在人生的道路上越走越远。

生命就像一种回音。如果你努力去发现美好，美好会发现你；如果你努力去尊重他人，你也会获得别人的尊重；如果你努力去帮助他人，你也会得到他人的帮助。你播种什么，就收获什么；你给予什么，就得到什么。

生命不可缺少十种修炼：忍得住孤独、耐得住寂寞、挺得住痛苦、顶得住压力、挡得住诱惑、经得起折腾、受得起打击、丢得起面子、担得起责任、提得起精神。

生命需要自信。不要让一时的失落，否定你成为英雄的可能。我们想成为一张足够广阔的天幕，好承载起足够璀璨的繁星。而在这个过程中，我们彼此都需要学习，需要相互激励，需要牵手前行！这个世界有时看似分明：有竞争，就会分出先后；有选择，就会意味着一部分人欢笑，而另一部分人失落。而当你有一天能定义自己的人生，活出自己的精彩，这个世界就是你自由驰骋的天地。

低调做人你会一次比一次稳健；高调做事你会一次比一次优秀；成功的时候不要忘记过去；失败的时候不要忘记还有未来；再烦也别忘记微笑；再急也要注意语气；再苦也不忘坚持；再累也要爱自己。

参加完高考的高三同学们！希望你在接下来的日子里，及时调整心态，不要让一时的失落否定你成为英雄的可能。希望你将这偶然的挫折视为考验而非拒绝，视为细雨而非凛风，最重要的是，视为向内检视自己，重新出发，迎向新天地的契机。总之，带着理想带着果敢去生活，努力让自己内心强大，就无需在意众声喧哗！高考已成为过去，无论成绩怎样，无论将进入哪所学校，这几年在你整个人生过程中的影响是巨大的，好好珍惜当下的青春生活，当榜上无名时，脚下一定有路！在奋斗与挑战中开创未来！

师生相伴三年，缘牵一生，有道不尽、说不完的感人故事；有情难舍、心难分的甜蜜回忆。青春是一首激情之歌、豪迈之歌，愿同学们好好谱写，奏响生命的乐章，唱响未来的每一个日子！青春是一首动人之歌、奋斗之歌，愿同学们放声歌唱，荡起生命的小舟，奔向光明灿烂的未来！

做最好的自己

生命是美好的，星夜、清风、雨雪，还有生活、事业、爱情、快乐、忧伤。我赞美生命，因为有了生命，才有了人生，才有了对现实世界的体验，对远古时代的追溯，对未来生活的向往与追求。人生的道路有千万条给你选择，有一条路不要选择，那就是放弃的路；有一条路不要拒绝，那就是成长的路。每一个人对待生命的态度不同，生命的价值就不一样，生命需要在奋斗中去寻找价值、创造价值、实现价值。生命是需要有追求的，有一个能够让自己热血沸腾的目标，在不断地努力拼搏中逐渐靠近自己的目标，在不断积累的小小成功中收获自信与满足，这便是奋斗的快乐，生命的快乐。

做最有梦想的人

你的个人"愿景"是指你想要达到什么样的成就，你想要过什么样的生活，你的"终极成功画面"是怎样的。当你有一个想要去实现的愿景，如果它的最终成功画面能够活生生地出现在你的脑海中，而这个成功画面是你一心想获得的生活、成就、价值，或是专业高度、社会地位、财富积蓄、个人贡献……这个逼真的成功画面，如果会让你大喊："对！这就是我要的！"它就会带给你无比的激情动力，带领你全身都极度专注在"如何去达成"的行动上。

欲望的可贵性。如果目标是箭，那么欲望就是弓。有弓无箭，就是徒有蛮劲，不懂计划部署，一生多劳而少成；有箭无弓，就是徒具理想，没有摧枯拉朽的精神，做白日梦，一生多言而少成。只有有弓有箭，才会将梦想实现。破釜沉舟、背水一战的故事，给我们的启发是，只有强烈的取胜欲望才能引向成功。强烈的欲望能够激发出前所未有的力量。我们的欲望越强烈，就越能迸发出能力，去逐步实现自身的目标。

追求有价值的目标。有目标的人在奔跑，没目标的人在流浪，因为不知道去哪里；有目标的人在感恩，没目标的人在抱怨，因为觉得全世界都欠他的。但每个人都在自然环境、社会氛围中求得生存发展，在实现伟大复兴中国梦的今天，我们必须坚守社会主义核心价值观，把个人的梦想融进伟大复兴的中国梦之中，把民族复兴、祖国强大放在首位去思考、去行动。人生要有所得，就不能让诱惑自己的东西大、杂、多，心灵里累积的烦恼太杂乱，努力的方向过于分叉，精力过于分散，就难以做成事业，我们要简化自己的人生。我们要经常地放弃，要学会经常否定自己，把自己生活中和内心里的一些东西断然放弃掉，在反思与创新中不断超越自我、强大自我。

点燃激情，寻找意义。在所有伟大成就的取得过程中，激情是最具有活力的因素。改变人类生活的每一项发明、推进社会进步的每一项成果、每一本感人至深的著作、每一尊震撼人心的雕塑、每一首催人奋进的诗篇，无不是激情之人创造出来的奇迹。激情是对所热爱的工作产生出的火一般的热情。最好的劳动成果总是由怀揣理想、激情奋斗的人完成的。一个人不投入爱也可以生存，但是将沦为平庸之辈。无论身处职业生涯的哪个阶段，如果不清楚为何从事当前的工作，就会变得毫无动力。我们所处的生存环境异常激烈，有很多人会比你更加激情四溢。富有激情的人会花费两倍的时间去思考他们已经完成的事情、如何完成接下来的任务，以及是否有能力来完成这些任务。你的同学、同事和对手中那些热爱学习、热爱事业的人，他们更加努力、他们敢于拼搏，为了逼近目标，他们做了更多有意义的事情。

处在中学时代，我们必须思考这些问题：选择将来到底想干什么。一是要清楚地了解社会有哪些传统的、新兴的职业；二是明明白白地认识自己，知道自己的职业兴趣与能力倾向；三是要合理匹配，别搭错车。选择考什么样的学校、什么样的专业，高考的分数目标、全省（区、市）的位置是多少，制订目标所对应的学习、生活计划。激情是不断鞭策和激励我们向前奋进的动力，对学习充满高度的激情可以使我们不畏惧现实中所遇到的重重困难和阻碍。可以这么说，激情是学习的灵魂，甚至就是学习本身。对学习的热爱产生激情，激情造就卓越。

在激情中成长，在奋斗中发展。定期自我督促、他人督促、总结经验、自我反思，加速成长，不断逼近目标，最终实现梦想。

做自己最好的主人

对每个生命来说，最重要的便是：只有自己才能掌控自己的人生。一个人一旦对时间有了真正透彻的理解，也就真正懂得人生了。因为时间包含着机遇，包含着规律，包含着人间的一切。珍惜时光、锤炼生命、拼搏创新、奋斗终生。

在这个世界上，有许多人，他们总以为别人所有的种种幸福是不属于他们的，以为他们是不配有的，以为他们不能与那些命运好的人相提并论。然而他们不明白，这样的自卑自抑、自我抹杀，将会大大减弱自己的自信心，也同样会大大减少自己成功的机会。强大的信心是对信仰的坚守，是自我超越的动力源，是战胜困难的巨大勇气，是打开理想大门的钥匙。每个人都需要阳光生活、自信成长。

珍惜今天，把握现在。智慧的人多能顿悟人生，看淡尘世的物欲，抵御各种诱惑，舍弃烦恼和痛苦，惜时如金，提高生活质量，丰富人生内涵，踏踏实实做些有利于社会的事情，流芳百世。愚蠢的人一般是混沌人生，一生只会探究名利，在烦恼和痛苦中过早地耗尽生命的"灯油"。生命只有一次，每个人在世界上逗留的时间是如此短暂，振作起来、行动起来吧！抓住今天，关闭昨天的大门，珍惜利用好今天的时光。学会在现实中快乐地生活，该做什么就做什么，一个人就能把可能毁弃的一天变成有所收益的一天，"现在"永远是行动的时候！昨天是作废的支票，明天是一张期票，只有今天才是拥有的现金！我们只有这样做，才算是选择了一种自由的、充实的、愉快的生活。我们每个人都可以做出这样的选择，体现生命的意义和人生效率的原则。

该出手时就出手。人生关键的突破口总能找到，因为变化时时在你身边。人生不如意时，与其整天哀怨，不如自己在变化中寻找机会。外界变化之日，正是机会降临之时。即使处境令你难堪，也要当作"给你一次经验的机会"，"这正是激发自己潜能的好时机"。那么原以为是"祸"的事情可能就化解为"福"了。等待机会，是一种极笨拙的行为。不要消极，不要等待，立即行动，一定有收获。如何去珍惜好机会？机会展示给我们的只有一个原则，那就是：机不可失，时不再来。机会只有一次，把握住了，成功就是属于你的；错过了，你就永远做了失败的俘虏。有时候"上帝只眷顾你一次"这不只是一句俗语，而是基于使命感的一种理念。使这种使命感成为对自己负责的实际行动，这样才能获得成功。

我们需要怎样的勇气？勇气就是在挑战面前勇往直前、永不言败的精神力量。缺乏勇气的人永远也无法体会到追求成功者的豪言壮志，这就像在灌木丛中跳跃觅食的鸟雀永远也无法知道"绝云气""负青天""扶摇而上九万里"的鲲鹏为什么会不畏艰险地搏击长空一样。在成功的道路上，快乐总是和磨难相伴，胜利也总是和失败接踵。有勇气追求成功的人善于从教训中积累力量，从失败中获得新生。勇气不仅可以让人直面任何困难或挑战，勇气也可以带来成功的机会。

任何一个成功者，都是通过学习才开始走向成功的，终生学习，才会终生进步。一个人要成长得更快，就一定要喜欢学习，善于学习。要知道，这个世界上没有天才，别人比你有能力、更成功，只是因为别人比你更爱学习、更会学习、更自觉学习。

松下幸之助可以说是日本企业界的一个神话。他早年家境贫寒，而且体弱多病，只有小学四年级的学历。然而，他是靠什么最终创建现在赫赫有名的松下电气公司并成为日本首富的呢？那就是，他是一个勤于学习、善于学习的人。正因为学习，才成就了他的辉煌。

一个愿意学习、善于学习的人，一个善于把握命运、掌控自己的人，一个具有坚韧品质、顽强拼搏的人，最终会获得成功。

做最高效的工作

当天的事当天完成。古人云："明日复明日，明日何其多。"如果总是等着明日，那么什么事情也办不成。所以，做事切记"今日事必须今日毕"。不管你用什么方法让自己"立刻行动"，你就会战胜拖拉，一辈子都会积极行动。每一次的挫折都不会让你退却，每一次你都毫不犹豫立刻行动，每一次你都把久拖未决的事解决，那么，你已经正在转变态度。

如何提高学习与工作效率。学习与工作要按照计划进行，每天思考好明天要做的六件事。重要的而且是紧急的事情是 A 级工作，不重要但是紧急的事情是 B 级工作，重要的但不紧急的工作是 C 级工作，不重要也不紧急的工作是 D 级工作。先完成 A 级工作，再去做 B 级工作……不要在次要的工作上追求完美。集中精力做自己该做的事，全力以赴地冲刺，集中精力全力猛攻，任何困难都可以迎刃而解。当然在奋斗的过程中也需要激励自我。为了达到学习与工作目标，你可以事先给自己定下一个奖惩措施，实现目标也给自己一个奖赏。

学会思考与整理。不断发现问题是积极思考的开始，想方设法解决问题是提高思维力的重要方法。思维力是人的能力的核心，积极的人生是善于思考的人生。寻找知识、工作的内在规律必须学会整理。每天睡前拿半个小时的时间，对自己今天的学习与工作进行整理性、反思性、总结性思考，你将会获得快速进步。整理的过程是自身思维加工的过程，学习和工作重在体验，思考与整理是学习与工作环节中最重要的体验过程。

学会快乐地学习与工作。你对自己所从事的学习和工作的感觉，会大大影响你学习与工作的方式。如果你十分快乐地接受这项任务，这项工作就会更顺利地完成，而且你也会从中获得快乐。林肯说过："你想让自己多快乐，你就会有多快乐。"只要你去练习，你就可以做到这一点。但一开始你要想一些快乐的事情，把恐惧、愤怒、挫折感全部从心中除去。在你周围尽量找出快乐的事，看些令人快乐的书。假如你养成快乐的习惯，你就能轻松面对所遇到的任何困难。"快乐学习，快乐工作"不仅可成为一种可贵的品质，更是理想信念下的正常心态。

提升学习与工作效率，需要不断地学习借鉴他人的智慧，需要融进学习与工作的团队，需要走进阅读的世界，需要提升实践能力与创新精神，需要在反思与创造中实现自我超越。

打造良好的性格

一个人的性格特别重要，性格是一个人的精神长相与文化气质。

　　怎样练就坚强的性格？人生之路肯定不会一帆风顺，历经挫折、翻越崎岖、攀登高峰，需要坚强的性格。无论遇到多大的困难，需要勇气去克服，决不要放弃自己就是真正的坚强；在学习工作中有反思精神，能够承认自己的缺点并不断地改进也是难得的坚强；善于向身边的人学习，向优秀的人学习，虚心做人是坚强；绝不做虚伪之人，堂堂正正做人，正直是坚强；让善良成为人们相处的基本行为方式，以善为本、宽以待人，善良是坚强；在别人有困难时，伸出援助之手，给他人以温暖，怜悯是坚强；善于承担责任，推功揽过，勇于批评与自我批评，自责是坚强；人生的发展需要崇高的理想，需要将大目标分解成若干个小目标，在追求的积累中不断逼近目标，这种追求就是坚强；要养成终身锻炼的习惯，丰富自己的生活，注意休息，这种自爱是坚强；做人胸怀宽广，大气包容，这种宽容是坚强。

　　锻炼坚强的方法有：多向榜样学习，学习那些身残志坚的勇士，学习那些献身祖国的伟大科学家，学习那些在战争年代抛头颅、洒热血，为国捐躯的革命前辈，学习他们的坚强品质，激发自己的坚强性格；多参加团体活动，在团体拼搏奋斗中练就坚强；有规律地生活，积极锻炼，在每日的坚守中培育坚强；模拟逆境生存场景，避免养尊处优，在与困难搏击中构建坚强的品质；面对生活与工作中的种种挑战，学会独立面对问题、思考问题，在解决问题中造就坚强的品格；加强心理素质锻炼，遇事不要慌乱，在沉着、冷静中打造坚强。

　　如何打造稳健的性格？在人际交往中，怎样才能得到别人的理解与尊重呢？一个重要的为人处世原则就是不论在什么时候、什么场合，都要保持"稳重"的生活方式和处事态度。所谓"稳重"就是在接人待物中要始终保持一种"严谨"，一种"礼貌"，一种"敬重"，一种"亲和"。

　　一个稳重的人，是绝不会随便向别人溜须拍马的；他也不会八面玲珑，四处讨好别人；更不会随意地造谣生事，在背后指责别人。稳重的人，不仅会将自己的意见谨慎、清楚地表达出来，而且还能平心静气地倾听别人的意见。只有具有稳重态度的人，才值得人们尊重、欢迎。

如何学会尊重？渴望受到尊重是每个人的基本心理需求。尊重他人，并不是失去自我。尊重他人是在平等和张扬个性的基础上，对他人人格尊严的尊重。要使自己学会尊重他人，就需要在日常生活中学会平等待人，诚实守信，善于助人，宽容大度，构建起良好的人际关系。因为自尊心是人的心灵里最敏感的角落，一旦挫伤一个人的自信心，就会给他造成巨大的伤害。其实做到尊重别人并不难，有时只需一个微笑、一句问候、一声敬称、一双善于倾听的耳朵、一张不刨根问底散布流言蜚语的嘴巴，就会给别人的心情带来阳光和温暖，当然也会为你带来真挚的友谊与和谐的社会关系。

如何学会感恩？感恩是一种处世哲学，也是生活中的大智慧。一个智慧的人，不应该为自己没有的斤斤计较，也不应该一味索取和使自己的私欲膨胀。学会感恩，为自己已有的而感恩，感谢生活对你的赠予。这样你才会有一个积极的人生观，总能有健康的心态。每天感恩地说"谢谢"，不仅仅是使自己有积极的想法，也使别人感到快乐。在别人需要帮助时，伸出援助之手；而当别人帮助自己时，以真诚的微笑表达感谢；当你悲伤时，有人会抽出时间来安慰你等等，这些小小的细节都来自一颗感恩的心。

学会诚实守信。"言必信，行必果"，"一言既出，驷马难追"这些流传了千百年的古语，都形象地表达了中华民族诚实守信的品质。在中国几千年的文明发展史中，人们不但为诚实守信的美德大唱颂歌，而且身体力行。一个人要想立足于社会，干出一番事业，就必须具有诚实守信的品德。一个弄虚作假，欺上瞒下，糊弄国家与社会、骗取荣誉与报酬的人，是要遭人唾骂的。诚实守信是一种社会公德，是社会对做人的基本要求。

人的一生，有许多艰难险阻要去战胜，但更多的是，要去战胜自己。当你的小船要达到胜利的彼岸时，你却在一个迷人的小岛上落下风帆，于是，你的人生成了另一种模样。败在自己手里，既可悲，又容易。

我热爱生活，赞美生命，因为我热爱人世间那青山绿水、蓝天白云，那美好的爱情、动人的亲情、可亲的学子、真挚的友谊、难忘的相聚、悦耳的歌声和伟大的事业。生命啊，我赞美你，你赋予我一个多么精彩神奇，充满苦与乐、荣与辱、得与失、爱与恨的时空过程。努力向前走，迎接新未来，做最好的自己！

第二章

魅力教师成长

新时代教师的素养与追求

　　新时代是一个奋斗者的时代，是每一位中华儿女实现自我价值、追求幸福的时代，更是 14 亿中国人民万众一心、众志成城去实现伟大复兴中国梦的崭新时代。季羡林先生曾说："对世界上大多数人来说，人生一无意义，二无价值，因为只是活着，并不知道为什么活这一生。如果人生真有意义与价值，就在于对人类发展承上启下、承前启后的责任感。"教育是面向未来的事业，是培英育才的崇高伟业，新时代的教师应该扛起这份历史责任，砥砺前行，努力提升自身的综合素养，立德树人，促进每一个孩子精神生命的健康成长，在教书育人的奋斗奉献中凸显教育者的追求，实现生命的更高价值！

登高望远，矢志不渝的教育追求

　　教师面对的是不同的、鲜活的、流动的生命个体，每一个生命个体都有不同的心灵世界，要给每一个孩子提供最适合的教育，给教师的工作提出了巨大的挑战，教师需要有勇气与信心，要有迎难而上、矢志不渝的精神，要坚信不断地攀登定会登上自己生命的高峰。登上高峰，你才会有"会当凌绝顶，一览众山小"的豪迈，你更会有"欲穷千里目，更上一层楼"的激情。

激情点燃梦想，奋斗创造奇迹。

登信念之峰，提升自我与塑造新人。教师是人类灵魂的工程师，是人类文明的传承者，承载着传播知识、传播思想，塑造灵魂、塑造新人的时代重任。肩负起民族复兴的使命，教师要有理想信念，不断提升自我。教师要全方位育人，为每一个孩子提供最适合的教育，激发动力、激活潜能、激励成长，努力把孩子们培养成立志听党话、跟党走，扎根人民、奉献国家的人，敢于担当，不懈奋斗。

登能力之峰，勇于探索与大胆实践。教师的潜力是巨大的，是永无止境的，能力需要在不断探索与实践中提升，需要在迎难而上、勇于挑战中再登高峰，才会有化难为易、举重若轻的智慧。教师只有具备新时代的教育智慧、实践探索与创新能力，才能培育出时代所需的创新人才。变"苦学"为"乐学"，诱导学生的学习兴趣，激发学生的学习斗志；变"死学"为"活学"，倡导学生的探索精神，激发学生的创新能力；变"难学"为"易学"，指导学生的学习方法，激发学生的学习勇气；变"面向少数学生"为"面向全体学生"，辅导各类学生，做到因人施教，激发全体学生的学习积极性；变"学会"为"会学"，教会学生终身学习的本领，解开学生的心灵之感，激发学生的人生理想与担当精神。

登思维之峰，终点结果与起点思考。人无远虑，必有近忧。教育要为学生40岁做准备。教师要善于设想学生40岁的时候，社会将发展成什么样子，那时的社会究竟需要怎样的人才，期待孩子能成为什么样的人才，今天应为孩子提供怎样的教育，才能为孩子的未来成才打下坚实的基础。教师必须有面向未来的思考，面向学生40岁时所需结果的今日思考，为党和国家培育优秀人才的思考，在思考与探索中前行，在奋斗与创造中超越！

教师必须克服浮躁，登高望远，要用明天建设者的要求，指导今天的教育。登高望远的教师，才能胸有成竹、一诺千金。教师要发扬矢志不渝、勇于攀登的精神，要用奋斗者的激情，创新解决育人中的难点问题。矢志不渝的教师，即使踏遍万水千山，经历春夏秋冬，体验酸甜苦辣，生命依然镇定自若、活力四射。我们要坚定人生信仰，坚守人生目标，抱定初心终不悔，矢志不渝创辉煌。

脚踏实地、率先垂范的精神风貌

教师从事的是培英育才、塑造灵魂的美好事业，美好事业需要脚踏实地，追求锲而不舍，金石可镂的境界；需要日夜兼程，提倡创新创造、奋斗奉献的精神。

教学工作，需要脚踏实地去研究。教师每日面对备课、上课、作业、辅导、答疑、导师工作、班级管理、学科教研、培训总结、活动组织等工作，这些工作都是十分具体，需要一件一件、精心精细、推敲琢磨、冷静思考、大胆探索去做，每一项工作都需要高标准、抓过程、按时间、保质量去完成，教师没有脚踏实地的精神，就不可能提供有质量的教育。

德育工作，需要脚踏实地去引导。古人云："才者，德之资也；德者，才之帅也。"学高为师，身正为范。培育高尚的师德是建设一支高素质教师队伍，扎实推进素质教育、提升核心素养的关键。进入新时代，道德观、价值观呈现出多元化的特点。对学生来说，科学知识越丰富、越深奥，就越需要教师的指点与帮助；社会矛盾冲突越尖锐，价值取向越多元，就越需要教师引导。因此，学校教师的价值观和道德观，应代表在社会中占主导地位的道德观与价值观，要用社会主义核心价值去引导年轻一代，要用先进的教育文化去感染年轻一代，这就需要教师脚踏实地去引导，用坚韧坚持去守望，让孩子们坚定理想信念，树立远大追求，把个人梦想融进伟大复兴的中国梦之中，不畏困难、顽强拼搏、勇敢前行！

高尚灵魂，需要脚踏实地去修炼。教师的职责是教书育人，教书不易而育人更难。感动人的不是高超的技术，而是能够温暖和感动人心的"德行"。当一个品德高尚的教师走进教室，教室内便会呈现出一片温暖、幸福和有序。唯有如此，教师的教育才会真正有一种神奇的魔力，深深地吸引并感染学生。教师的高尚灵魂需要脚踏实地去学习、去沉淀、去思考、去升华。

教师是人类文明的传播者，是中华文化的守护神，是民族精神的国防军，要高举立德树人的大旗，脚踏实地、率先垂范、用心育人！

精耕细作，勇创一流的质量意识

教育不是工业，是农业，花儿不一定开在春天里。教师的工作就是细心培土、施肥、浇水、除虫、通风等，教育不能急躁，需要静以养心、精耕细作、静待花开。

读懂孩子，需要用精耕细作的心去发现。苏霍姆林斯基说过这样一段精彩的话："在每个孩子心中最隐秘的一角，都有一根独特的琴弦，拨动它就会发出特有的音响，要使孩子的心同我讲的话发生共鸣，我自身就需要同孩子的心弦对准音调。"读懂孩子才能读懂教育，而每一个孩子又是如此不同，需要去和每一个孩子真心对话，需要认真细致观察孩子的行为细节，需要热情关注激励每一个孩子的成长，读懂孩子需要富有爱心、宽容大度、热情微笑、平等尊重、耐心启迪。

课前准备，需要精耕细作去探究。每节课的课前准备，于漪老师都会精耕细作三次：第一次备课——摆进自我，不看任何参考书与文献，全按个人见解，准备方案；第二次备课——广泛涉猎，分类处理各种文献的不同见解（我有他有，我无他有，我有他无）后，修改方案；第三次备课——边教边改，在设想与上课的不同细节中，区别顺利与困难之处，课后再"备课"。她说："在备课时为了改自己的口语，我真的把每一句话都背出来的，每一句话写出来。写出来以后然后修改，规范的书面语言，改造自己不规范的口头语言，背出来再口语化。每天早上走一刻钟的路，都是脑子过电影，怎么讲，怎么开头，怎么铺展开来，怎么样形成高潮，怎么结尾，我是把它当成艺术作品来教课的呀！"课堂的质量决定于课前的准备，备课是一个追求更好而没有最好的过程，需要一个自我反思、自我改进、学习借鉴、实践探索、努力超越、总结拔高的过程。每一步都需要细心推敲、严谨思考、字斟句酌，以争创一流的决心，尽力提升每一堂课的魅力。

课外辅导，需要精耕细作去研究。为了提升课堂整体质量，需要加强学情调研，但同一个班级学生之间的差异依然巨大，课堂教学真的无法满足全体学生的需求，只能满足中间 70% 左右学生的发展需要。这样前 15% 的学生会吃不饱，后 15% 的学生吃不消。学优生如何拔高，学困生如何补缺，这在时间上需要科学安排，在内容上需要精心策划，在个体上需要因材施教，在方法上需要循序渐进，在策略上需要激活潜力等等，这些都需要精耕细作、持续奋斗，痛并快乐地去耕耘。

"培育人才"这个让人心甘情愿付出、沉醉的词语，涤荡在教师们心中最明净的位置，教育永远在路上，永远在每一位老师前行的步履中。

善于交流、守正出新的改革勇气

交流是人类敞开心相互沟通的形式，是人类搭架心灵桥梁的快捷方式，是人类情感交集的抒发模式，是人类释放悲喜的表达方式。有效的交流，不仅能改善人与人之间的关系，建立信任让心灵碰撞，还能激活出创新的灵感，激发起改革的勇气，同时还能提升人们的语言魅力与人生幸福度。

善于交流，才能有效提升教师的语言魅力。语言是教师工作的主要方式，在课堂里、在活动中、在对话间、在不同地点、在不同场合，教师用什么样的话语、什么样的语气、什么样的情感、什么样的强度与孩子对话，都需要用心推敲、认真探索、实践感悟、理性提升。教师如何淋漓尽致地运用语言这门深奥的哲学，是一种深内涵、高层次的学问。语言是一门艺术，需要在交流中感悟、沉淀、积累、升华。

善于交流，才能创建良好的师生关系。教育起源于人类的交往活动，体现在课堂教学中的师生关系是一种交往，但它又不同于一般的人际交往。这种交往是一种特殊的人际沟通，是指在学校教学情境中师生相互交流信息、思想、感情和共享信息。只有通过沟通才能增进了解，获得信任，得到支持。掌握的信息也只有在对话和思考中，才能沉淀为个人的知识。教师的工作是一个特别需要交流的工作，在交流中思考、在交流中碰撞、在交流中释疑、在交流中发现、在交流中理解、在交流中提升，在交流中建构和谐的师生关系，促进教育活动的良性开展。

善于交流，才能凝聚集体智慧。面对教育教学中的难点、痛点问题，需要上升到集体攻关的战略层面来解决问题。学校要组建战略攻关组，运用头脑风暴、战略研讨、集体碰撞的方式，激发出创新灵感，在传承优秀经验的基础上，创造性地解决难点、痛点问题。

一般来说，战略攻关研讨分为六个步骤：

第一，确定参与制定的人员，主要领导、核心骨干教师、科研人员、青年教师代表、优秀学生代表、家长代表等。

第二，通过有关的活动，动员相关人员在制定的过程中充分发挥主体性、自主性，采用"头脑风暴法"，鼓励畅所欲言。

第三，将多种方式收集来的对教育教学的问题、发展的意见和建议，进行必要的归纳，在制定前期进行系统分析，并呈现给参与制定的每一个成员。

第四，明确制定会议的目标和程序，确定会议安排、基本要求等。

第五，描绘解决问题的展望，建立共同愿景，确定目标、任务陈述、行动计划、评价方案等。

第六，撰写、讨论并报批教育教学发展的系列战略。

通过组建战略攻关组的集体研究与创新思考，往往能实现工作的突破，提升教育的魅力，为孩子创造更好的教育。

俗话说，三人行，必有我师焉。集体的力量是无穷的。融进集体，善于交流，激发创新灵感、激活创造潜能、激励改革勇气，促进教育改革，提升育人质量。

精诚合作、锐意进取的奋斗激情

昔日那种"听命行事"的员工已经失去竞争优势了，今天企业欣赏的是那种不必老板交代，就自动自发去工作的人，千万不要认为只要准时上下班、不迟到、不早退就是尽职尽责了，就可以心安理得地去领工资了。工作需要的是一种自动自发的精神，自动自发工作的员工，才能推动企业更好发展。新时代的教师需要积极探索教育的理念、智慧与艺术，更需要精诚合作、锐意进取的奋斗激情。

在欣赏中合作。"工作"是一个包含诸如智慧、热情、信仰、想象和创造力的词语。没有人会告诉你需要做的事，这都要靠你主动思考，善于精诚合作。如果你想成为更优秀的人，在自动自发工作的背后，需要你付出比别人多得多的智慧、热情、责任。当你清楚地了解了教育者的时代使命与工作职责，你就能预知该做些什么，然后马上行动，不需要管理者的吩咐。同时，一个人的能力是有限的，一个人能推动学校发展的贡献也是有限的，教书育人需要集体氛围、集体劳动、集体创新、集体力量。只有相互欣赏、团结合作、贡献智慧、取长补短，才能打造一个优秀的团队，才能给孩子提供全方位的优质教育。教师要努力打开自己，在开放中学习，在合作中进步，在进取中超越！

在学习中合作。如果教师羞于和同事合作，不乐于接受同事的批评，教师之间没有合作共事的要求与习惯，将是教师成长的大敌。学校要努力建设教育教学共同体、学习共同体、教师共同体、师生共同体、学生共同体，积极以学习者的身份参与共同体的建设，营造共同体的学习文化，开展反思研究，开展批评与自我批评，开展学习成长交流，培育共同体的学习动能。建设学习型教研组、年级组、班级组，学部、学校，精诚合作，锐意进取、激情创造，奔向更美好的未来！

在开放中合作。

要努力打开时间的墙壁——促进时间分配制度的弹性化和科学化。

要努力打开空间的墙壁——促进育人环境的开放性、人性化和多功能性。

要努力打开学科的墙壁——促进课程的综合化、校本化。

要努力打开教学的墙壁——促进教学的个性化、特色化。

要努力打开组织的墙壁——促进组织文化的自主性、合作性和开放性。

要努力打开智慧的墙壁——促进语言与思想、情感与智慧的对话与交流。

要努力打开学校与社会的墙壁——促进学校、家庭、社会教育的一体化。

当教育处于一个开放系统，教师成为一个开放的人，每一位教师都能在开放的时空中牵手前行，学校教育将是一种新景象——孩子向往、教师幸福、社会满意。

合作既是一种境界，更是一种能力；合作既是一种理念，更是一种实践；合作既是一种精神，更是一种创造。精诚合作，汇聚智慧，凝聚力量，锐意进取，激情创造，谱写教育新诗篇。

终身学习，完善自我的超越精神

学习是一程有起点无终点的人生旅行，学习是人们精神发育的最佳养分，学习是一笔零存整取的财富积蓄，学习是智慧生长的动力源泉。只有不断学习、终身学习的人，才能与时代共舞，与祖国共成长。

终身学习，是提升能量的需要。在科技发展一泻千里、知识呈现爆炸增长、获取知识的途径多样化的新时代，即使在今天是一个非常优秀的教师，如果不注意"充电"储蓄能量，也终究会因为知识、意识等的陈旧或能量的匮乏而落后于时代。在当今这样的时代里，"走出师范门，便成教书人"，"好教师总是好教师"及"一次受教，终身任教"等观点早已经过时。新时代的教师必须树立终身学习的观点，树立以人为本、创新为重的教育价值观。因为"学然后知不足，教然后知困"，只有困而后学，才能学得更扎实、更灵活和更实际。

终身学习，是提升能力的需要。没有深而广的知识储备不能成为一个好教师，而有了深而广的知识，可能成为学者，但不一定就是一个好教师。因为教育不仅仅是一门学科，还是一门艺术。过去，人们常把教师比作辛勤的园丁，是因为教师的劳动与园丁的劳动都具有"塑造"的功能，都具有艺术性。园丁总是用自己事先想好的模型去塑造园艺花卉，教师总是按照社会的要求对下一代实施有计划、有目的的教育影响。一个园丁会为一粒种子的萌发而深耕细作，一个教师会为了一个学生的成长而不分昼夜地工作。人们常常把教师比作园丁，这容易让人从"修剪成一排排缺少特点、整齐划一的树木"中联想到应试教育崇尚标准化的特点，让人联想到性格沉稳、老实听话、办事认真、成绩较好但缺乏创造力、发展不全面的"教育产品"等等。这些都是与当代的教育、与新时代发展不相适应的。在实现中华民族伟大复兴的新时代，未来社会更需要创新创造型人才，基础教育如何为未来人才培育打下重要基础，如何在孩子的核心素养与关键能力上下功夫，只有具备创新创造能力的教师才能担当时代的使命，终身学习，不断实现能力的自我生长，是新时代发展的必然要求。

终身学习，是引领社会的需要。教师自我发展、终身学习，要成为建设学习型社会的典范。教师要把读书作为工作和生活的一部分，通过读书增长知识，提高自己的文化修养与教育境界。教师要在工作中不断学习钻研，反思自己的教育教学行为，不断改进，不断提高，努力成为一名新时代的优秀教师，努力成为推动社会进步的力量。教师不仅要适应社会的发展，更要推动社会的进步，成为引领国民走向终身学习的中坚力量。

终身学习不仅是提升生命能量的需要，更是涵养精神世界的需要；不仅是提振人生信心的需要，更是促进教育蓬勃发展的需要。终身学习，终身进步，砥砺前行，接续奋斗。

热爱集体，公而忘私的奉献品质

如果你是小草，学校就是你的大地；如果你是小鸟，学校就是你的天空；如果你是一条鱼，学校就是你的海洋。学校是你显示自己存在的舞台。热爱学校，热爱这个温暖的集体，为学校发展努力进取、积极工作，为教育事业潜心育人、激情奉献。

热爱集体，需要积极主动工作。绝不把自己的工作推给别人。工作是你的职责，你的权利，也是你的义务，更是你在学校立足的基础。把属于自己的工作推给别人，不是聪明，而是愚蠢。推诿工作是一种逃避，是一种不负责任，是没有担当精神，更是一种无能，会让别人从内心深处瞧不起你。热爱集体，要主动担责、积极有为、勇挑重担、享受工作、乐于挑战。

热爱集体，需要诚恳善待他人。愚弄别人是一种真正的愚蠢，是对自己的不负责任，尤其是对那些信任你的人，依靠你、倚重你的人，万万不可要小聪明，你会得不偿失的。长期在一起共事，你的诚恳会让同事感动。你也许不知道，在管理的群体中，在评价你的能力和为人时，大家竟然看得那么准，那么透，那么一致。热爱集体，要用心做人，要善待他人，要激励他人，要鞭策自我，共同发展。

热爱集体，需要创造教育成果。沉不下心来是教师工作的大忌。单位不是走马观花，不是住旅店，不是旅游，要沉下心慢慢干、坚持干。有机会上进了也不要得意忘形，没有机会或者错过了一个机会也不要患得患失。相信最后的成功属于那些不断沉淀、不断进取的人。教师要用心、用爱、用智慧做教育，教师心中要有对教育的敬畏，要有满腔的教育激情，创造更多的教育成果，真正成为促进学校发展的人，成为学校的主人。

工作就是职责，职责就是担当。在学校里，要感谢那些让你独当一面的人，感谢那些给你压力的人，因为那是机会，是信任，是展现自我能力的舞台。

重视科研，探寻规律的创新能力

教育研究是教师的必备素养，也是教师成长的有效载体和手段，更是教师自我发展和自我实现的有效途径。因此，当前中小学教师要克服功利的思想，将研究作为教师生命成长过程中的一个必经之路。以研究促成长，以研究带动教育教学的不断进步，以研究解决好教育中遇到的问题，从而为人才培养树立教师的专业自信，为孩子成长打下师资基础，为学生今后的可持续发展创设有利的条件和环境。

重视科研，才能寻找教育的有效方式。教师作为专业人员，承担着教书育人的重要职责。教书育人是教师职业生涯的中心任务和工作，从字面上看包含了教书和育人两项任务。"教书"两个字包含了很多的意义，不仅要关注到教书这个方式，更要关注教书的结果，即学生通过教师的教能达到什么样的学习效果，教如何激发学生的学，如果不去研究教学过程、教学手段和教学方法以及学生学情，仅仅靠"一张嘴走遍天下"的课堂形式已脱离了当下的教情和学情，自然不能适应新形势下的教学方式，所以教师进行教育科研有了其存在的现实基础和必要性。同时，育人形式也发生了很大的变化。当前社会经济快速发展，高科技、人工智能等日新月异，孩子所面对的社会环境也具有了很多的不确定性。因此，育人的手段、方法及举措也会受到很大的影响，这必然要求当今的教师能够快速适应变化了的环境和形势，在育人上进行研究，避免育人的"假大空"现象，取得良好的育人效果，以更好的环境来促进教学工作。

重视科研，才能促进教师的专业成长。教师要成长，必然与教育科研有着直接的关联性。每位教师有着不同的性格特点，其教育的手段和方法不会因学习先进而同质化。因此，从教师成长的角度分析必然要进行教育科研。一位教师写一辈子教案不一定能成为名师，如果一位教师坚持写五年的教学反思就可能成为名师。教学反思是教育科研的先导，因为只有具备了反思的意识，才能在不断反思中改进教育教学，但是现实的教育如果仅仅具有反思的意识还是远远不够的，这就要求教师在反思的基础上，针对教育教学过程中出现的问题和不足进行研究，树立问题即课题意识，以问题带动课题研究，以研究促进问题的有效解决。通过研究解决也是教师不断成长过程中的有效载体，教师只有在反思中研究，在研究中反思，通过不断的反思与研究，寻找教育教学最佳的契合点，提升课堂教学的魅力。同时，研究的过程，必然要求教师要懂得研究的方法、路径，并对该问题研究取得的阶段性成果进行梳理，找出自己研究要解决的问题，从而找到课题研究的创新点，并形成自己的独特的方法。

重视科研，才能促进教师的读书学习。教育研究能够促进教师不断读书与学习，促进教师加强专业阅读，向专家学者学习，向优秀的同事学习，掌握先进的教育教学理论，并在理论指导下进行有效的结合，包括个人素养与教育艺术的结合，教育经典理论与教育实践的结合，教育手段与现代教育技术的结合。做好了结合的文章，教师就能在研究中不断成长，在研究中不断进步，从而成长为名师。

尊重学生，激活潜能的教育智慧

学生是祖国的未来，是家庭的未来，在孩子身上寄托着万千美好的希望。美好的希望，需要有美好的情感、美好的灵魂、美好的思想去哺育。

尊重学生的起点。对塑造对象倾注一片热情，尊重每一个学生的起点。教师既要尊重学生的人格，平等地对待和热爱学生；又要看到学生是处在半成熟、半发展中的个体，需要对他们正确指导，进行深入细致、感人肺腑的教育。"感人深者莫过于情。"作为一个教师，最大的过错莫过于对学生没有爱，最大的悲哀莫过于失去学生对自己的爱。对塑造对象倾注一片真情，多一点坦诚与共鸣，调动一切积极因素，想尽一切有效办法，在教育实践中做到"以人为本"创造适合学生成长的教育环境。

塑造学生的人格。只有将人的培养、将完整人格的自我塑造而不仅仅是知识的传授看作教育的最终目标，生命的无限可能性才能在教育的过程中展开。教师才能成为富于时代精神、创新精神的人，教师职业也才能具有像医生、律师一样的专业不可替代性。儿童时期是精神播种期，需要播种理想、播种希望、播种美好、健全人格、健康身心、丰富生活。要重视儿童想象力的培养，个性特长的发展，尊重他们自由思想的权利，这关系到人一生的发展与幸福。教育既要为国培育优秀人才，也要为孩子终身幸福生活奠基。

提升教育的艺术。

教育是解放的艺术：解放孩子的眼、耳、口、鼻、手、脚、时、空、心、脑！

教育是发现的艺术：发现孩子的潜能，挖掘他们的才智！

教育是唤醒的艺术：唤醒孩子的真、善、美！

教育是欣赏的艺术：欣赏孩子的闪光点，点燃他们心中的火把！

教育是激励的艺术：激励孩子永不停歇地、激情昂扬地奔向理想的目标！

教育艺术是建立在尊重规律、尊重学生、注重智慧、讲究人文基础上的魅力教育呈现方式，教育艺术是大量教育实践探索的结晶，探索教育的艺术永远在路上，没有最好，只有更好！

学生真正的课本是他们的老师，只有教师自带光芒，才能将阳光撒向学生。只有让教师自己燃烧起来，才能点燃孩子成长的火焰。激发学生的潜能是教师的重要任务，教师要用自己的爱心、智慧、艺术去点亮学生心灵，去激发起学生对美好未来的无限追求。

面向未来，培英育才的天下情怀

"问渠哪得清如许，为有源头活水来。"今天不生活在未来，明天将生活在过去。一个现代教师不应拿昨天的经验来禁锢自己，紧跟时代，孜孜以求，勇于开拓，与时俱进。唯有如此，教师才能不仅仅只是"蜡烛"，不仅仅只是"园丁"，不仅仅只有"一桶水"，而是拥有一条奔涌不息的河流，拥有培英育才的天下情怀。教师在滋润受教育者心田的同时，自身的价值也会得到升华。

教师要努力争做新时代的明师。

做明白之师。一个教师的首要职责，就是将明明白白的文化知识明明白白地教给学生。科学是老老实实的学问，来不得半点虚假与模糊，自己糊里糊涂怎能使学生明明白白。"以其昏昏，使人昭昭"，岂非荒唐？

做明辨之师。教师必须明白是非曲直，懂得教育的科学规律，明白教人做人的真理。教师首先具备水晶石般玲玲剔透的心，对学生怀有深沉久远博大无私的爱，以知识本身的魅力、教学艺术的魅力、教师人格的魅力获取学生的信任和爱戴，师生默契，教学相长，自然是可预期的人间胜景。

做明日之师。以昨天的知识，教今天的学生，适应明天的社会，教育有何希望？教师应高瞻远瞩、纵横捭阖、胸怀天下、放眼未来，立志以今天的教育促进明天科技发展、经济腾飞。让无论处在何种艰难困苦的逆境中的孩子永远充满信心地看到光辉灿烂的明天，立志让明天的学生胜过今天的老师。长江后浪推前浪，一代更比一代强，我们民族的兴旺发达、国家的繁荣昌盛，必将指日可待！作为教育人，我们在孩子身上寄托了万千美好的希望。而美好的生命需要美好的情感、美好的灵魂、美好的艺术去温润，需要家庭、学校、政府、社会共同去教育、去塑造、去承担起新时代的责任与使命。

长风破浪会有时，直挂云帆济沧海。新时代的教师要以更博大的胸怀，更坚定的意志、登高望远、激情创造、拼搏奉献，用高尚的人格，诠释着教师奋斗的愉悦，成长的价值，人生的幸福！用崇高的精神，诠释着教师担当使命、心系国家、放眼世界的天下情怀！

新时代教师的品德修炼与内涵提升

　　党的十九大报告指出，要"推进教育公平，努力让每个孩子都能享有公平而有质量的教育"。这是党中央做出的庄严承诺，作为基础教育一线的教师，如何贯彻党的精神，让党对教育的要求变成我们自觉的创新行动，对每一个孩子的成长高度负责，创造适合每一个孩子发展最好的教育，努力为社会主义现代化建设培育高素质人才，这是现代教师肩负的历史责任与崇高使命。新时代的教师要与时俱进、反思前行、创新超越、拼搏奉献，要努力转变理念、修炼品德、提升内涵、教书育人，要努力成为"有理想信念、有道德情操、有扎实知识、有仁爱之心"的现代教师。

转变理念，发展学生素养

　　知识储备、实践能力、综合素养三方面的整体状况决定了一个人的发展前景。如果仅仅知识储备丰富，只能算一个有知识的人；一个人如果仅仅提升了某种实践技能，最多算一个此方面的熟练工；一个人如果只会大胆思考而缺少知识储备和实践能力，只能算一个空想家。如果想发展成为优秀的人才，如果想成为真正的强者，一个方面是知识的大量积累和技能的实践训练，另一方面是思维能力的不断突破与超越。我国基础教育在知识的积累和技能的训练上都稳打稳扎，但在思维发展与关键能力的培养上需要突破。现代教育需要培育学生的思维能力，发展学生的素养，提升学生的创新精神与实践能力，需要努力培养适应未来社会，又能改造未来社会的优秀人才。

强化关键能力培养。2017 年 9 月中共中央办公厅、国务院办公厅《关于深化教育体制机制改革的意见》指出：强化学生关键能力培养——培养认知能力、培养合作能力、培养创新能力、培养职业能力。

培养认知能力，引导学生具备独立思考、逻辑推理、信息加工、学会学习、语言表达和文字写作的素养，养成终身学习的意识和能力。

培养合作能力，引导学生学会自我管理，学会与他人合作，学会过集体生活，学会处理好个人与社会的关系，遵守、履行道德准则和行为规范。

培养创新能力，激发学生好奇心、想象力和创新思维，养成创新人格，鼓励学生勇于探索、大胆尝试、创新创造。

培养职业能力，引导学生适应社会需求，树立爱岗敬业、精益求精的职业精神，践行知行合一，积极动手实践和解决实际问题。

在学校教育中，既要培养学生良好的习惯，促进学生在德智体美劳等方面全面发展，打牢知识与技能的双基，重视人格的健全，又有突出关键能力的培养，培育创新意识、激活创新灵感、激发创新潜能、孕育创新智慧，形成创新能力。只有这样的教育，才能真正培养出时代所需的创新人才，为民族的振兴、国家的强盛打下人才基础。

突出核心素养提升。世界各国的教育都重视学生核心素养的培养，最受全球关注的七大核心素养——沟通与合作、创造性与问题解决、学会学习与终身学习、批判性思考、信息素养、自我认识与自我调控、公民责任与社会参与。每个国家的发展有其自身的历史文化与时代特征，要培养适应我国未来社会又能改造未来社会的优秀人才，需要在人文底蕴、科学精神、学会学习、健康生活、责任担当、实践创新等核心方面，开展系列化的创新教育，提升学生的核心素养，为每个学生的终生发展，为伟大复兴的中国梦的实现贡献教育的智慧与力量。

我国学生发展核心素养要从以下几个关键方面去突破：

人文底蕴：人文积淀、人文情怀、审美情操；

科学精神：理性精神、批判质疑、勇于探究；

学会学习：乐学善学、勤于思考、信息意识；

健康生活：珍爱生命、健全人格、自我管理；

责任担当：社会责任、国家认同、国际理解；

实践创新：劳动意识、问题解决、技术运用。

每一位教师要站在新时代，深刻认识培养核心素养的价值与意义，要自觉把核心素养的培养贯彻教育的全过程；要把核心素养的培养融进学科教育中、融进每一堂课中；要充分思考与实践将核心素养的提升与学科教学的每一个章节、每一个教学目标结合起来。核心素养的培养不只是一种理论探索与嘴上功夫，而是要变成一种教育行动、扎实推进、落地有声、成果凸显，真正让教育担当起为国育才的历史重任。

提供全面优质教育。我国基础教育在知识、技能、解题能力、认真、勤奋、刻苦方面都表现突出，但在实践能力、创造性、好奇与兴趣、独立思考、合作与沟通、自尊自信、人生观等方面还存在种种问题。中国教育面临的最重要最突出的矛盾是学生发展的不平衡与不充分的问题。办好老百姓家门口的每一所学校，为每一个孩子提供优质的教育，既是党和政府的责任，更是每一所学校、每一位教师的历史使命。新时代的教师都要积极行动起来，要成为教育改革的主人，学校发展的主人，提供优质教育的主体，用自己的教育情怀与教育创造去书写欣欣向荣的教育明天。

推进学区制教育改革，集团化办学、城乡一体化教育发展，开展精准教育扶贫，实现优秀校长、优秀教师的有序流动等等，都是实现教育优质均衡的有效途径，每一位教师要有政治责任感、国家使命感，要热情投身这场教育改革中，将个人的发展融进教育整体发展之中，在推进教育均衡优质的事业中主动有为、积极奉献、创新创造、建功立业。

修炼品格，提升教师魅力

走上三尺讲台，教书育人；走下三尺讲台，为人师表。这是现代教师的使命使然，也是现代教师优秀品格的必然呈现。教师的品格应该有天地的宏博、磊落和坦荡；有日月的热情、奔放和无私。天地包孕一切，化生万物，有序运转，促进生命的不断充实、成长和更新；日月默默积蓄能量，有一分热发一分光，尽情奉献，永远不悔。教师的人生观能与天地日月的宇宙观融为一体，教育便会呈现一种令人动容的气象：一切都在互相包容，互相融通，互相感化；一切生命都在成长和成熟，充实和更新；知识、思想、情感、道德、才干和智慧都在节节攀升。这是教师品格化生万物的奇妙力量与神奇魅力。

教师品格的修炼需要一个过程，需要对教育有敬畏之情，决不能把教育干成小买卖，而要把教育当成崇高的事业去追求。教师需要教育的信仰、教育的情怀、教育的精神，才能逐步修炼成现代教师的品格。

看到美好。首先要看到生活的美好。教育是一种心灵与心灵的交流，精神与精神的启迪，生命与生命的对话。教师要能用运动、发展、变化的眼光，看到生活中进步、积极、美好的一面。教师要胸中如日月，胸怀博大、善于包容、尽情奉献。教师要思想澄明，善于发现孩子的细微进步，善于多维度、立体式、全过程地激励孩子前进。其次，要看到学生的美好。教师要认识到学生是家庭的未来、民族的未来、国家的未来，在他们身上寄托养万千美好的希望。每一个学生都是家庭的力量之源，都担负着家庭的美好期待。教师要把每一个孩子当成自己的孩子一样去培养，成就每一个孩子，幸福每一个家庭，把每一个孩子培养成现代化建设的优秀人才，为实现中华民族伟大复兴的中国梦贡献力量，这是每一位教师的光荣使命与幸福追求。教师要挑起重担，担子的一端挑起孩子的明天，担子的另一端扛起祖国的未来。

教育是培英育才、塑造灵魂的美好事业，美好的事业要用美好的色彩、美好的事物、美好的景象去描绘。教育要滋养生命、激活生命、成全生命，美好的生命要用美好的思想、美好的情感、美好的精神去培养。

充满信心。要对教育充满信心，对学生充满信心。古罗马哲人西塞罗说："信心就是抱着足可确信的希望与信赖，奔赴伟大荣誉之路的感情。"

教师只有将学生视为可塑造、可成栋梁、可迈向卓越之人，才会因势利导，因材施教，耐心细致地去雕琢他、塑造他，也才会由此产生无私奉献精神。"自信人生二百年，会当水击三千里。"教师有了信心便能化解一切，战胜一切。有信心的教师才能教出有信心的学生。

信心是对教育信念的坚守，是构建成功金字塔的基石。教师要对自己充满信心、对学生充满信心、对教育事业充满信心。教师的信心来自自身专业的不断发展与超越，来自对每一个学生的信任与激励，来自对教育事业的崇高追求与不懈努力。拒绝自卑、不要自负，让自信成为促进师生发展的强大动力。

简化生活。教育是沉潜的事业，容不得轻浮暴躁、急功近利。教师要静以养心，做到身心表里纤尘不染，不要为那些无所谓的附加物平添烦恼，平添劳累。"淡泊以明志，宁静以致远。"教师生活贵在淡泊，贵在宁静，耐得住寂寞，沉得下身子，沉潜于教育生活，有滋有味地投身教育研究，读懂孩子的内心世界，尊重孩子成长的自然规律，在教书育人中丰厚自己的精神生活，让生活充满教育，让教育愉悦自己的生活。不要与人比官阶、比富有、比享受，教师要比也要比读书、比学问、比境界、比未来的美景。

不要抱怨生活，因为生活根本不知道你是谁。要感恩生活的馈赠，感恩生活给你物质与精神的享受。不要抱怨这个世界，因为这个世界缺少谁都照样运转。要感恩世界的给予，感恩世界给你提供生命的舞台，让你演绎生命的精彩！感恩教育给了我们创造性的事业，只有不断丰厚自己的文化内涵，锤炼自身的精神品质，才能在教育生活中升华自我、壮大自我。

提升内涵，滋养教师精神

教师的内涵决定教师的教育态度、教育理念、教育智慧，如何让教师的精神博大，激发起自身的教育激情，通过教师的教育激情，激发起学生的精气神，让教育成为价值的导航仪、精神的播种机？现代教师的内涵究竟是什么？如何提升教师的内涵？

一要有"德"。德，是做人的根本，更是为师的关键。育人先育德，立德树人、修德养性、以德示范，这是做人的需要，事业的需要，家长的希冀，更是"有内涵的教师"必备的人格底色。修德养性，就要做到宠辱不惊，不以物喜，不以己悲，拥有平和的心态；悦纳他人，融合共生，建构良好的人际关系；"上善若水，厚德载物"，拥有至真、至善、至美、至爱的博大情怀。

"善者吾善之，不善者吾亦善之，德善；信者吾信之，不信者吾亦信之，德信。""生而不有，为而不恃，长而不宰，是谓玄德。"（《道德经》）修身养性，体悟道德；上善若水，厚德载物。常修为教之德、常思自私之害、常怀律己之心；把"人"字写正，把"我"字看小，把"干"字放大，只有师德高品位的教师，才能真正实现教书育人。

二要有"识"。识，知识、学识、见识。知识是认识，是经验，是做好教育的前提；学识是学术，是修养，是育人的基石；见识是思想，是智慧，是创新教育的法宝。作为教师，知识要广泛、宽厚，要能满足促进学生全面发展的需求；学识要专业，包括专业知识、专业思想、专业技术、专业眼光等；见识要独到，既要有专业的思维，又要有独特的智慧，看得远、想得深，不人云亦云，不随波逐流。这就要求我们要多读书、乐读书、读好书，让自己浸润在文化的滋养里，由内而外散发光泽。

教师要具有全面性、专业性、通识性的知识结构。全面性是指既要掌握所教的学科知识，又要掌握教育专业知识。专业性也体现在两个方面，即学科专业和教育专业。对于学科专业，要求教师深入掌握所教学科的基本理论、基本体系、发展历史、发展趋势和前景。通识性指教师具有相关学科的知识。当前科学文化知识日新月异，而且知识的创新点都在交叉学科中。通识性还有利于教师的自我文化修养。现代教师要注重自我发展、终身学习，成为建设学习型社会的典范。

三要有"心"。心，爱心、责任心、恒心、平常心。对学生有爱心，"幼吾幼以及人之幼"，用海纳百川的博大和宽容之心去包容千差万别的学生；对工作有责任心，对教育事业的坚守与担当，对每一个孩子的无限热爱与高度关注；对教育过程、教育科研有恒心，行百里者半九十，许多人跋涉至成功的边缘，却又功亏一篑。对一个教师的成长来说，坚韧不拔的意志力尤为重要；最后，凡事要有平常心，淡泊名利，既要有木秀于林的万丈豪情，又要有甘于沉潜的从容淡定。

每个学生都是他们自己家庭未来的希望。每个孩子都是一座拥有巨大潜能的宝库。每一堂课都是创造惊喜和收获幸福的殿堂。用心去爱每一个学生，用责任心去关注每一个孩子的成长，用恒心去发现教育的规律，用平常心看淡个人的得失，让每个人都能从周围的人和身边的事中寻求真、感受善、发现美！

四要有"阅读"。教师内涵提升的一个重要途径是阅读。阅读的广度，改变你生活的内涵；阅读的深度，决定你思想的高低。积极倡议现代教师要走进阅读的世界，让阅读丰厚自身的翅膀，才能在广阔的教育蓝天中尽情飞翔。

启动读书工程，特别是每一位教师都要参与行动。学校应有号召，有行动，有激励，否则读书又会成为空谈。做现代文明教师，从"读我喜爱的书"开始，引发兴趣，营造氛围；然后进入"读有营养的书"，逐渐形成习惯；最后达到"读有思想的书"，提升自我，惠及后代。

我们还建议成年人"为孩子而读书"，"和孩子共读一本书"。我们的调查结果显示：孩子不爱读书主要是因为家长不读书。所以我们提出"读书做文明人，从爷爷抓起"，爷爷读书儿子就读书，儿子读书孙子就读书。成年人读书就是在做教育。读书最实际的好处是能让我们的孩子获得一份生存的自信和应有的尊重。因此，我们不仅要全民读书，还要世代读书！

爱读书还要会读书。吃饭是为了吸收身体所需的营养，读书是为了吸收精神所需的营养。适合自己的书就是好书。

读书是一个缓慢的滋补过程，切忌急功近利。读书是没有终点的旅行，需要终身学习；读书是一个伟大的公益事业，切忌得失算计；读书是一笔无形的财富积蓄，零存整取。阅读是一种静修，有时轻松，有时清苦，有时乐在其中，有时需要劝解，然而不管怎样，阅读都是一种回报最大的投资。我们的愿望是：让读书成为教师永久的时尚，让读书成为教育未来的希望。

同生共长，培育时代新人

有和谐的师生关系才有好的教育。师生关系的主导方在教师，教师有改善师生关系的责任与使命。教师要多陪伴学生，多和学生一起生活，一起活动，一起学习，在相处中相遇、相识、相知、相依、相靠，实现同生共长。

教师要善于欣赏学生，相信激励教育是一种有力量的教育。会欣赏、多包容、善激励、多期待，多把尺子、多元评价，积极等待、静待花开。教师要高举立德树人的大旗，推进全员育人、全程育人、全科育人、全活动育人，教书育是教师的天职，教师要把育人渗透到学校教育教学工作的每一个环节、每一个细节，对每一个学生倾注师爱、尽职尽责、耐心引导、绝不放弃，努力把每一个孩子培育成时代新人。时代新人是社会主义的合格建设者与可靠接班人，是身心健康、诚实守信、积极进取、自律自强、创新创造的人。

身心健康之人。健康不仅仅是没有疾病，而且是保持体格方面、精神方面和社会适应方面的完美状态。社会发展以人为本，人的发展以健康为中心。健康不一定代表一切，但是没有健康肯定就没有一切。健康是人全面发展的基础，关系到千家万户的幸福；健康是促进人全面发展的必然要求。健康是个人价值的体现，是家庭幸福的保证，是国家和民族兴旺的标志。

锻炼身体，保持运动。每一位教师都要高度重视体育教育，要努力提升体育教育的魅力，培育体育锻炼的习惯，丰富体育课程，发展体育兴趣，培育一门体育特长，培养终身锻炼的习惯。要确保在校学生每天锻炼一小时以上，要积极践行"每天锻炼一小时，心情舒畅一整天，积极带动身边人，健康工作五十年，幸福生活一辈子"的新理念，让运动带来生命的活力，促进生命健康发展。

科学膳食，平衡营养。学校要积极引导学生科学膳食，学校食堂要依据青少年成长需要的营养，科学选择早中晚食材，引导学生饮食要注重各种营养的平衡，膳食要讲究科学。学校要定期开设如何科学膳食的专题讲座课，帮助学生逐步养成如下的膳食习惯：

1. 食物多样，谷类为主，粗细搭配；

2. 多吃蔬菜、水果和薯类；每天吃奶类、豆类及其制品；

3. 经常吃适量鱼、禽、蛋、瘦肉；

4. 减少烹调油用量，吃清淡少盐膳食；

4. 食不过量，天天运动，保持健康体重；

5. 三餐分配要合理，零食要适当；

6. 每天足量饮水，合理选择饮料；

7. 不抽烟、不喝酒；

8. 吃新鲜卫生的食物。

心理健康，豁达乐观。学校要高度重视学生的心理健康教育，培养积极乐观向上的人生态度。要创建心理咨询室，为每一个孩子配备成长导师，为每一个孩子的成长释疑解难。用积极的态度对待生活，开心的事，可以分享；不开心的事，可以分担。善于把控情绪，作为一个生活在社会上的人，情感一定要丰富，但情绪一定要稳定。多与同学、老师相处，拥有知心朋友。善交际，人际关系好，人缘好，是心理健康的重要标志。富于幽默感。幽默感是心理健康的高级表现，幽默感是良好的人际关系和和谐生活的润滑剂。要保持快乐生活的习惯，生活上要知足常乐，与人交往上要助人为乐，享受人生要自得其乐。

学校一定要创造性地开展诚实守信的教育，围绕诚实守信开展专题讲座、主题班会、魅力论坛、诚信板报、诚信之星等系列活动，倡导诚信做人，创建诚信文化，让诚信成为一种优秀品质，成为孩子优秀做人的基础，为孩子一生发展打牢根基。

培育志趣爱好、激发理想追求、激活成长动力，努力把发动机安装到每一个孩子体内，自己控制、自我约束、自动发力、自觉成长。要积极创建梦文化，将自己的梦想融进中华民族伟大复兴的中国梦之中，畅谈理想、憧憬未来、不懈奋斗、挑战超越、走向成功。

自律自强之人。青春是美丽的，好比朝阳。她的美丽不仅仅是绚烂的外表，更美在恪尽职守，更美在严于律己。没有自律，青春是野草，漫无边际地疯长；有了自律，青春是盛开的牡丹，娇艳芬芳。青春是美丽的花儿，自律是精心的呵护，自强是盛开的力量。要开出人生最美的花朵，就要自律、自尊、自强。风可以穿越荆棘，靠的是藐视一切挫折的勇气，与顽强进取的毅力。青春就是要让火来烧。这把火就从自律烧起，把懒惰燃成灰烬，把虚伪烧成黑烟，让自律成就青春梦想。人生的最高境界就是自律，自律不是社会对你的强迫要求，是你的自我要求。

今天的学校、今日之师，应该怎样科学地开展素质教育，怎样提供最好的教育，推动孩子更好地主动成长、自觉成长，从而使我们的教育得以改革、得以成功，这是值得每一位教育工作者深思的问题。加强自律、自强教育，通过主题教育周活动、系列主题班会、主题报告会等多种方式，在创新教育中养成自律自强的习惯，培育自律自强的品质，让优秀的品质成就优秀的人生。

创新创造之人。没有创新智慧，就无法在竞争激烈的现代社会中生存和发展。创新是进步源泉，已成为提高竞争力的法宝，保障可持续发展的战略基点。创新智慧是智慧的一种类型，是对事物面临的问题能迅速、灵活、正确地理解和解决。创新的智慧从何而来？主要应在深入学习中增长智慧。知识是创新中最活跃的因素，也是最本质的东西。只有学识渊博，才能在关键时刻产生灵感，迸发出独到的思维。

要创新，必须认真学习科学理论，不断拓宽知识领域，优化知识结构。学习中须"思要义"，不仅知其然，更要知其所以然；要"思变化"，以生动的实践增强理论的说服力和认同感；要"思运用"，把学习过程变为解放思想、形成创新意识的过程。还要在实践中增长创新智慧。实践出真知，创新能力的培养和提高，需要在实践中锻炼。

教师的创新智慧才能衍生出学生的创新智慧来。课程改革的新形势，给学校教育带来了许多新课题。这种变化的广泛性、深刻性，决定了教师创新的紧迫性和艰巨性，所以我们更要注重在工作中边实践边总结，从而进一步增强创新智慧。学校的办学理念、德育活动、课程结构、课堂改革等，需要强化创新意识，注重创新思维，培育创新动力、激活创新思维，逐步形成创新习惯与创新能力，为新时代创新人才的培养奠好基。

新时代的教师应该是胸怀理想、履行使命、充满激情的教师；是自信、自强，不断挑战自我、超越自我的教师；是理念先进、师德高尚、方法科学、效果优秀的教师；是善于合作、注重分享，具有人格魅力的教师；是特别充满爱心、关注个体，受学生尊重的教师；是追求卓越，富有创新精神的教师；是勤于学习，不断充实自我的教师；是具有反思与研究精神，不断发现教育规律的教师。

康德有句名言："有两样东西，我们越是持久和深沉地思考着，就越有新奇和强烈的赞叹与敬畏充溢我们的心灵：这就是我们头顶的星空和我们内心的道德律。"康德的哲学，实质上是一种批判哲学。一个明智的教师，会时刻反思当下教育实践的具体现象和问题，探寻这些现象与问题所产生的根源所在，进而思考解决这些实践和问题的路径与方法。教育无定法，但教育需要好方法；教育无捷径，但教育需要有定律。有好的教师，才有好的教育；有卓越的教师，才能提供卓越的教育。新时代的教师一定要修炼品德、提升内涵，扛起新时代的责任与使命，努力探索理想的教育，让每一个孩子享受公平而高质量的教育。

教育是培养人才的基石，实现强国梦，关键在人才，根基在教育。教育必须率先从"跟跑"到"并跑"甚至"领跑"，中国才能赢得未来！

教学反思是促进教师专业发展的重要途径

人就是在回味与反思、憧憬与探索中前行，走向更美好的未来。作为教书育人的教师，如何跟进新时代，如何提升专业化水平，如何担负起时代赋予的使命，这是每一位现代教师需要回答的话题。所谓教学反思，是指教师对教育教学实践的再认识、再思考，并以此来总结经验教训，进一步提高教育教学水平。教学反思一直以来是教师提高个人业务水平的一种有效手段，现在很多教师会从自己的教育实践中来反观自己的得失，通过教育案例、教育心得等来提高教学反思的质量，进而提升教师专业化水平，提升为国育才的能力与智慧。

如何进行教学反思

教师每经过一个阶段需要回头张望，总结得失，发现不足，同时把自己在教育教学中的优秀做法记录下来，并进行理性升华，这就需要开展真正意义上的教学反思。常见的教学反思有：

1. 总结性回顾，突出其思辨性；

2. 基于发现问题与解决问题的课例研究与行动研究；

3. 理论知识实践化，即如何把学到的理论转化为实践的策略；

4. 实践经验理论化，即总结个人及团队的实践经验，上升到理论性的思考；

5. 批判性反思，即综合运用理论思考并结合实践中的问题，开展自我批判性的思考。

◆反思一：总结性回顾，突出其思辨性

常见的有课后反思、月反思、学期反思、年度反思、个人成长的生涯阶段反思等。反思要突出其思辨性，具体做法：进行概要性介绍；分类归纳优点或特点；发现不足或问题；提出今后的改进建议等。

◆反思二：基于发现问题与解决问题的课例研究与行动研究

日常教学中常用的反思，不仅思辨，还有改进的行动。主要方式是课例研究与行动研究等。具体做法：回顾教学；发现问题、找到问题的根源；提出改进对策；课上实施对策；评估实施的效果；发现问题、解决问题。要经常追问自己：我的课堂出现了什么问题？原因是什么？我如何改进？我需要学习哪方面的理论来指导我？在撰写发现问题、解决问题的案例时，可以得出这样的思路：回顾某个教学经验；发现问题，找到产生问题的原因；我是如何改进的？我借鉴了什么理论？改进的效果如何？

◆反思三：理论知识实践化，即如何把学到的理论转化为实践的策略

学习一些理论知识看起来都很好理解，可是如何用在教学中？大道理谁

都懂，可是如何落实在行动里？理论与实践的分离，让理论束之高阁，不在实践中应用，理论也必将失去其价值。杜威说："理论只有在经验中才有意义。"

理论知识实践化具体的做法：理解理论；把理论转化为具体的策略或方法；在教学实践中如何实施这些策略或方法；科学评价实施效果；改进并形成自己的策略或方法。教师需要开展诸如教学尝试、课例研究、行动研究等。

案例分析：我如何将"因材施教"转化为实践策略？对聪明、勤奋的学生，超前培养；对勤奋但不够聪明的学生，启发培养；对聪明但不够勤奋的学生，督促培养；对既不够聪明也不够勤奋的学生，耐心培养。

◆反思四：实践经验理论化，即总结个人及团队的实践经验，上升到理论性的思考

杜威说："微小的经验都会产生理论。"教师在教育教学中的优秀做法、成功经验一定要上升到理性地思考，才会有分享的价值与意义。

具体做法：提炼经验，总结出几条特点；用概念、或短句、或隐喻命名；尝试用理论来解释这些特点。并经常追问自己：我有哪些教学亮点可以总结、提炼？新采取的教学策略？突破重难点的方法？与以往不同的处理方法？我能否把这些亮点和特点总结出来？能否用概念或短语来概括它们？我需要学习哪些方面的理论来解释它们？如学习发展心理学理论，了解儿童认知发展。学习教育心理学理论，知道教师该怎样教，学生该怎么学。为什么要把实践经验理论化？知其然，知其所以然，形成实践智慧、个人理论，更好指导自己的教学，也有利于提高教学领导力，指导他人的教学。教师是专业人才，有了自己的理论思考，才能成为真正的专业人、专家学者，将自己的实践智慧与理论思考有效地分享与传播。

◆反思五：批判性反思，即综合运用理论思考并结合实践中的问题，开展自我批判性的思考

批判性反思是教师对自己的信念、知识基础、行为结果的"刨根问底"式的思考，然后重新建构对教与学的理解；是对"理所当然"的假设进行质疑，从不同的眼光来透视自己的教学实践。在貌似没有问题的事情中"看到"问题的所在，看到"没有问题"的问题。

案例分析：在教学之初的经验。教师严厉，学生害怕，纪律就好。提出质疑：纪律良好与愉快学习是矛盾的吗？理论学习：如何消解愉快学习和保持纪律的对立。开展实践探索，寻找对应规律。最后提炼出经验等。

反思是教师对理想教育的追求，反思是自我超越的源泉，反思是教师专业发展的重要途径，要使教师的工作充满创造的乐趣，教师就必须走上一条反思研究的教育改革之路。

如何写教学反思

叶澜教授曾指出："一个教师写一辈子教案不可能成为名师，如果一个教师写三年教学反思，就有可能成为名师。"美国学者波斯纳认为：教师的成长＝经验＋反思。可见，教学反思的写作是提高教师素质的重要途径。反思，是教育科研的本质，更是教师专业发展的关键。

◆ 1. 写"教学反思"应注意的问题

以课改精神为指导。将自己的教学实践同课改精神相对照，从师生在课堂中的地位、师生的关系、学科核心素养的提升、学生内力的驱动、教学目

标的实现等方面来进行反思，为自己的教学活动确立正确的导向。

以教学实践为基础。脱离了教学实践而空谈理论的反思，不具备指导改进今后的教学实践。教学反思必须以课堂教学为核心，通过实践、反思、再实践的过程来不断提高教学能力和理论认识，以提升教学的实战能力，提升育人的质量。

以学生成长为核心。写教学反思要凸显以促进学生的成长来展开，在反思中要充分体现学生的主体地位，从学生的课堂反应、学习兴趣与学习效果中来反思自己教学设计的得失，教学流程是否科学有趣有效。课堂教学的根本目的是促进学生的健康、持续成长。

以关注细节为重点。教书育人在细微处，善于从细节中发现问题，从细节中反思改进，反思切忌大而全，因为大而全往往陷入大而空。每篇教学反思要从教育教学规律和课改精神的大处着眼，但是更要从教学活动的细节入手，只有精心精细，关注细节、研究细节、落实细节、创新细节，才能让课堂充满愉悦挑战，让课堂成为引力场、思维场、情感场，成为生命发展场。

总之，写课后反思，一是贵在及时，贵在坚持，捕捉灵感，记录精彩，反思问题，促进提升。二是在思想上，能体现新课程的理念，观点和要求，为孩子一生幸福成长奠基。三是在内容上，一得一记，有感而发，求真务实，能真实反映自己在新课堂中的思考、发现、感悟或困惑。勤于思考、勤于笔耕、长期积累，必有质的飞跃。

◆ 2. "教学反思" 思什么

思育人质量。学科教学的根本目标是实现学科育人。育人的质量是教师最应关注的问题，进行课后反思要做到"当堂思效"，即思考育人的整体效果。上完课后要对本课的教学效果做一个自我评价，比如分析学生哪些内容掌握得好，哪几部分有困难，哪些学生学得较好，还有多少学生需要指导等；同时，还要坚持"阶段思效"，即对一阶段的教学工作是否达到了预期的效果进行自我评价。同时要特别注意课堂教学是否激发学生成长的激情，是否引领学生正确的价值方向，是否激发学生对学科的热爱与对解决学科问题的追求等。

思育人智慧。一节课结束后，回顾教学流程与教学机制，流程的设计是否科学有效，学习的热情是否被激发，多样学习与深度学习是否真实发生。学习的激励机制是否到位，动力机制是否有效，问题驱动是否成为一种有趣的策略，课堂评价是否促进了学生合作学习与深度学习的有效开展。多思考探究这些深层次的问题，勤于笔耕，教师就一定能从中受到启发，总结成功的经验，挖掘问题与不足，为日后教学工作提供借鉴，有助于不断改进教学方法，提高教学能力。

思育人缺失。课堂教学中有所得也必定会有所失，学生的性格各异，知识水平和理解能力参差不齐，教师的教学设计与实际教学过程总会有不相适应的地方，如教法的运用、板书的设计、学生的反应、学生兴趣的激发等方面，课后都会觉得有不尽如人意之处。对于教学工作的不足、育人中的缺失要反复思考，仔细琢磨，以笔为犁，翻耕育人的泥土，引以为戒，促自我提升。

思育人改进。"思"的最终目的是"改"，通过对各个教学环节、课堂流程得失的客观分析，找出问题的症结，探索解决问题的办法、对策，提出改进教学的策略和方案，提高课堂教学效能。

◆ 3."教学反思"写什么

教学反思有多种方式，现就课堂教学的批判性反思进行一些探讨，希望能提供一些思考的方式与写作上的启发，也算抛砖引玉吧。

课堂教学的目标是否落实。教学要突出学科核心素养的培养，核心素养的落地要通过具体的知识目标、能力目标和情感目标达成，三维目标的落实是检验一节课是否成功的首要标准。

课堂教学的成功之道。将教学过程中达到预先设计的目的、引起教学共振效应的做法，课堂教学中临时应变得当的措施，层次清楚、条理分明的板书，某些教学思想方法的渗透与应用的过程，教育学、心理学中一些基本原理使用的感触，教学方法上的改革与创新等等，详细地记录下来，供以后教学时参考使用，并可在此基础上不断地改进、完善。

课堂教学的教育机智。课堂教学中，随着教学内容的展开，师生的思维发展及情感交流的融洽，往往会因为一些偶发事件而产生瞬间灵感，这些"智慧的火花"常常是不由自主、突然而至，若不及时利用课后反思去捕捉，便会因时过境迁而烟消云散，令人遗憾。

课堂教学的问题之处。即使是成功的课堂教学也难免有疏漏失误之处，对它们进行回顾、梳理，并对其作深刻的反思、探究和剖析，使之成为以后教学时应吸取的教训。

教师在课堂的情绪状态。如果一节课下来，教师自己很快乐，达到了教学相长的效果，那一定是一节很不错的课。如果下课铃声响后，教学任务没完成，教师还有点生气，留下许多遗憾，那就得调整课堂的教学活动了。

学生的主人翁精神是否体现。要总结一堂课的成败，学生是检验官。在课堂上学生的反应，学生的参与程度、学生的积极性、学生的思维热度如何，说明了课堂知识结构、课堂流程设计安排是否合理，组织课堂活动能力是否有效。

课后学生作业的质量情况。教师一般会选择与本节课内容重点紧密联系的习题让学生完成作业，作业的正确率直接反映了本节课的知识是否落实。

同事对课堂的激励与建议。教学反思的书写，离不开教师群体的智慧，教师应该经常邀请同事走进课堂，通过同事的激励评价与智慧建议来了解到自己这节课的得失。

学生学情反馈与调查问卷。课堂是教师的，更是学生的，为了让孩子们健康快乐地成长，学有所获，教师不断反思教学，大有裨益。在课堂教学过程中，学生是学习的主体，他们总会有"创新的火花"在闪烁，教师应当充分肯定学生在课堂上提出的一些独到的见解，这样不仅使学生的好方法、好思路得以推广，而且对他们也是一种赞赏和激励。同时，这些难能可贵的见解也是对课堂教学的补充与完善，可拓宽教师的教学思路，提高教学水平。因此，将其记录下来，可以作为以后丰富教学的材料养分。教学反思的目的是促进自己的教学，那么做一份学情调查问卷是不错的选择。让学生对自己的教学做一个真实的评价，从中找出问题，解决问题。

课堂教学的再设计。一节课下来，静心沉思，摸索出了哪些教学规律，教法上有哪些创新，知识点上有什么发现，组织教学方面有何新招，解题的诸多误区有无突破，启迪是否得当，训练是否到位，是否实现用有差异的方法实现有差异的发展等等。及时记下这些得失，并进行必要的归类与取舍，考虑一下再教学这部分内容时应该如何做，写出"再教学设计"，这样可以做到扬长避短，把自己的教学水平提高到新的境界和高度。总之，写课后反思，贵在执着的追求，贵在坚毅的品质，贵在自我超越的奋斗精神。一有所得，及时记下，有话则长，无话则短，以记促思，以思促教，长期积累，必能走向自我超越的创新之路。

教学反思的成果有哪些

反思可以是内省、思过，对自己行为和思想的回忆与描述，也可以是基于个人实践且旨在改进教学实践，对自身教学所发生的现象或问题进行再思考、再实践、获得新认知的思维和行动过程。反思既包括引起思维的怀疑、踌躇、困惑和心智上的困难等状态，也包括寻找、探索和探究的活动，求得解决疑难、处理困惑的实际方法。反思是对任何信念或假设，进行主动的、持久的和周密的思考。反思是指专业者对工作过程中建构或重新建构遇到的问题，并在问题背景下进一步探究。反思是一种螺旋式上升的评价过程：评价——行动——再评价。反思是一种思维形式，同时也包括行动过程：反思是学习、探究、研究的过程；反思是经验与理论的双向互动；反思是个体性的，也是集体性的。反思的内容不仅包括个人的实践、态度、信念、价值观等，还包括教学中的伦理道德等因素。反思需要经历五个阶段：产生疑惑、分析与解释、假设、推理、用行动对假设进行检验。

教学反思的成果如何呈现，教师的教学反思可从哪些方面来展现自身的教育成果，促进自己持续、健康、稳步发展，努力迈向自我攀登、自我突破、自我跨越之路。

教师教学反思的成果可以通过如下成果来呈现：撰写优秀的教学案例、课例；撰写优秀的教学模式、教学策略或方法；撰写个人理论、实践智慧；撰写反思日记；撰写论文发表；撰写研究报告等。

耕耘多年的教学实践究竟积累了哪些经验？如何依靠这些经验提升我们的教育质量？如何分享、交流我们的经验，更好促进区域教育、城乡教育的共同均衡发展？如何重建我们的负面教学经验，让更多的教育者少走弯路？如何形成个人的理论构建与创新思考，引领与促进教育改革？坚持不懈地走上教学反思这条道路是最好的回答！

教师的责任在创造中显现

每一个时代，教师都有自身独特的使命。新时代教师的使命就是培养德智体美劳全面发展的高素质的人，让每一个学生适应这个变化的时代，活出其生命的意义和价值，融进未来的社会，对这个社会尽到一位公民的责任，为社会和谐发展、祖国全面强大奠基。

教师的事业始终是对人的一生负责任的事业。给学生的东西是积极的还是消极的，是有益的还是有害的，是促进了他的发展还是阻碍了他的成长，教师要经常自问，常常反思。尽管学生不完全被教师所左右，但教师的教育会成为学生成长的力量，可引导人前进和向上。今天的教师不只是知识的传递者，更是推进孩子生命成长的创造者。教育的责任不只是要求有好教师，而是每个教师都要坚信自己所从事的事业需要你去创造。教育的责任是创造，是创造新理念、新环境、新课程、新课堂、新文化，是创造生命的发展。教师的责任因创造而精彩，因创造而显现。

师生之爱要在创造中迸发

教育不是管，也不是不管，在管与不管之间，有一个词语叫"守望"。守望精气神，守望真善美。这种守望需要有爱做基础，没有爱就没有教育。没有对教育事业的执着追求与深度热爱，没有对教育事业的忠诚与崇敬，没有过硬的专业修养与文化涵养，就不可能生长出高尚温暖、催人奋进、点燃智慧的师爱。

爱每一个学生是教师的天职。对于在教室里的学生，从物理学和数学的角度看，你只能为他们每个人投入几十分之一的精力和爱，也就是说每个学生都只是你的几十分之一，因为你要关照到每一个学生，因为你要公平，然而你教室里的每一个学生，对于某些人来说，他就是他们的百分之一百。是的，这些人就是学生的爸爸妈妈、爷爷奶奶、外公外婆……坐在你教室的角落里，睁大了眼睛仰望着你的那个孩子，就是他们的整个世界。当你清楚了这个事实，你就不会再为家长们的"挑剔""多疑""多事""矫情"而斤斤计较、委屈难平。当你用几十分之一的精力去关照那个某些人的百分之一百时，他们自然会有担心，甚至疑心和戒心，解决几十分之一和百分之一百的矛盾，其实很简单，你的精力只能是几十分之一，但是你的爱却可以和孩子的亲人们一样百分之一百。

读懂学生才能给予其成长所需要的爱。今日的学生已不是昨日的孩子，他们每天都在这个变化的时空中长大；每年都要送走毕业的学生，迎来新生。每一个孩子的内心都是一个复杂的世界，这个世界有的开放、有的封闭，有时比较稳定、有时变化无常。作为教师，首先要相信学生，相信每个学生都要求进步，都能成才；其次要尊重每个学生，做到互相信任；最后要善于和学生沟通，能够平等对待每个学生，了解学生的思想、学习和生活，了解学生的需要，给予孩子成长所需要的爱。

尊重、欣赏学生是师爱的前提，但懂得尊重、欣赏并不一定就能点燃孩子成长的火焰。激发孩子的理想追求，需要师爱的理性超越、智慧启迪、艺术创建，在师爱中唤醒，在创造中迸发，充分发挥其潜能，健全自身人格，培育开朗的性格，这样才有幸福人生。师爱是一种情感，也是一种能力，更是一种超越，需要在创造中迸发。

学习兴趣要在创造中激发

学生在学校的主要职责是学习，兴趣是学习最大的动力，没有兴趣就难以有学习的真正产生。对教师来说，培养学生的学习兴趣是人才培养的重要一环。激发学生的好奇心，培养学生的兴趣爱好，营造独立思考、自由探索、勇于创新的良好环境，让学生们在热爱、有趣、挑战中学习生长。

在情感帮助与激励挑战中学习。当个体的情感系统处于活跃状态时，学习和记忆的效果最好。积极或消极的情感体验对学生的成长具有重要的影响。因此，教师在课堂上可以用一些方法激发学生积极的学习情感以增强记忆，如保持教学激情；运用语言变化和身体动作来激发兴趣；运用动手实践与小组讨论来激活思维；联系学生或自己的生活经验使课程个性化；安排趣味性活动或研学旅行来促进学习兴趣的提升。挑战能促进学习，威胁会妨碍学习。当环境富于挑战，并鼓舞孩子们勇于探索，脑的学习效果最好。当脑收到"威胁"信号，会转化为一种原始的求生模式，学习会被抑制。肯定的表扬、奖励和竞争都是制造挑战的方法，且不会对学生造成过度威胁。批评和惩罚也可以制造挑战，且有助于学校制度的科学建立，但不应过分强化和滥用。例如，绝不应以过量的作业作为惩罚手段。

在适度运动与幽默欢笑中学习。运动促进血液循环，并向脑输送更多氧气。当学生坐 20 分钟以上时，大量血液会在臀部和脚部聚集。这时让学生站起来，就能促进他的血液循环。一节课的时间，学生若有机会站起来，他们脑部的供血量会显著增加。因此教师进行长时间教学时，要通过提问、小组站立讨论等形式，让学生动一动，提高脑的学习效率。幽默能够促进学习。

研究表明幽默能够使记忆保持率从 15% 提高到 50%。笑的时候，更多血液输入大脑，同时带来更多的氧。笑还能导致大脑向血液中释放一种化学物质，减轻学习的痛苦感，并使人感到舒服。幽默能够创造积极的情感氛围，并有助于提高学生的注意力。因此，教师要善于运用幽默，杜绝讽刺！这样才能大幅度提高学习的效能，促进孩子健康成长。

没有兴趣就没有学习，教师要善于在教育教学创造中激发兴趣，营造适宜学习的情感环境，调整好孩子的身体状态，让孩子在激励欣赏中快乐发展，在幽默欢笑中幸福成长。

思考能力要在创造中提升

人与人之间最大的差异是思考方式与思考能力的差异，有什么样的思考方式与思考能力决定了孩子有什么样的未来。要使人获得优质发展，就必须改善其思考方式，提升其思考能力，培育创造性思维。思考是一件难度很高的事，所以许多人宁愿立马埋头苦干，任劳任怨，也不愿好好想一想，这种看似勤奋的行为实质上是一个人"思维懒惰"的保护色。

图形组织与多感官参与有利于思维整体提升。图形组织是大脑组织信息的方式，如大纲、网络图、图表、思维导图等。大脑不是一个信息容器，而更像一个有选择的接受者。它依照某种图形组织选择性地接受信息，同时会屏蔽掉大量其他信息。因此，教师要经常使用一些图形组织来帮学生组织新知识，并教会学生使用多种图形组织来归类知识。学习主要依赖的感觉通道有视觉、听觉和运动知觉。学习新内容时，参与学习的感官越多，学生越可能掌握。教师调动多感官参与的方法有使用图画、动画、图表和实物演示等视觉刺激；向学生解释并让他们反过来向你解释来增加听觉刺激；适度用身体语言来促进思考；为学生创设身临其境的机会等。参与学习感官越多，学生学习的机会就越多，也会促进思考的广度与深度的提升。

构建立体型学习有利于思维创新。教的最终目的是不教，学生总有一天要离开学校，要独立去面对他的人生，只有终身学习者才会赢得人生。会学才会乐学，只有以学为乐，才会终身学习。学习是孩子自己的事情，孩子必须成为学习的主人、成长的主体，在学习中体验、在学习中增智。教师要明确自身的定位，教师不是孩子成长的包办者、代替者、评判者、领导者，教师是孩子学习的引导者、促进者、帮助者、激励者。教师要加强学法的研究，指导孩子学会学习，科学设计学习流程，促进学生在学习的道路上奔跑。

在独立与合作学习中提升。教师要善于用问题驱动、情感激励，推动学生个体独立思考学习、创新思考学习、挑战思考学习。在独立学习基础上，推动小组成员之间的合作学习，善于促进小组成员之间的精诚团结、深度合作，激发潜能、激活灵感、撞出火花、寻找解决问题的突破口，在团队交流、争论辩论基础上打开思维通道，拓展思维空间、层层深入、化难为易、逐步拔高，直到发现规律、解决问题，提升创造性思维能力。

在倾听与分享学习中发展。教师要善于依据学生在独立学习、合作学习的基础上存在的问题，选择最佳讲授方法，凸显思维的严谨与灵活，思维的广度与深度，思维的创新与超越，把学生带进思维的时空中，拓展学生的眼界，拓宽思维的宽度，打开思维的新通道，彻底激活学生的潜能。孩子的潜力是巨大的，团队的创造能力是无限的，要特别重视小组中优秀思维方法的分享，激励团队的发展。小组在合作中发现的独特见解、独特方法，比教师更优的方法，要激励其在全班中分享，不断激发灵感、激活思维，培育挑战精神。

在零存整取式与自组织式学习中超越。零存整取式是一种以个人兴趣和需要为中心、以网络为主要平台的个人自发性学习。通过不断写作和改写来重构个性化知识体系，并实现知识创新。自组织式学习是一个小团体的自发式合作学习。只要提供一个有计算机和网络的开放学习环境，再提供必要的鼓励和引导，孩子们就可以通过自组织的形式来进行自发的、协作式的学习。网络时代学习是一个自组织的过程，无须专门的学校和教师，只需要保证学习的环境和设备就可以了。在适当的情境下，学习会自然而然地发生。零存整取式与自组织式学习的有效开展，能增加孩子学习的成就感，更能激活孩子学习的动能，促进孩子们深度学习、立体思考、提升思维的创造力。

有句话说得好，如果想要得到与过去不同的结果，就必须做一些与过去不同的事情，而这些不一样首先要体现在认知层面。深度思考才能带来认知升级，从而成为高品质勤奋者。这样才能带来思维的创新，才能成为创新型人才，为实现强国梦打下人才基础。

精神追求要在创造中孕育

教师必须思考为谁培养人、培养什么样的人、如何培养人等重大问题。孩子们的价值选择、人生理想、精神追求决定其人生方向，教师必须成为学生精神追求的引导者、孕育者。学校和教育是跟人性、生命以及性灵、智慧和情感紧密联系在一起的词。苏霍姆林斯基说："我对我们惯常所说的教育教学过程观察越精细，就越确信，真正的学校，即是儿童集体丰富多彩的精神生活，而教育者和被教育者都在其中被许许多多志趣和爱好结合在一起！"要激发孩子精神追求，为孩子导航，为建成社会主义现代化强国培养合格的劳动者和可靠的接班人。

创新德育，为孩子生命导航。现代教师必须高举立德树人的大旗，实现全员育人、全程育人、课程育人、学科育人。在新时代如何实现科学育人，这是每一位教师必须思考清楚的问题。德育的基础目标是"激扬生命"还是"控制生命"？教师是"标准件"制造者，还是孩子的"文化使者"？我们需要的是德育的形式还是德育的力量？抓好共青团、少先队工作究竟是我们的任务，还是我们的使命？什么样的教育才具有唤醒学生的功能？如何通过德育的创新来激活精气神与塑造真善美？道德教育如何实现价值引导？现代教育的发展面临怎样的机遇与挑战？现代教师必须清楚回答这些问题，学校的德育工作必须在创新中推进，真正为学生的成长保驾护航。

创新导师工作，为孩子生命导航。给每一个同学安排成长导师，从普通教师一直到校长都要承担 8~15 个孩子的导师工作。导师的主要职责是价值引领、心灵沟通、职业规划、学法改善、成长陪伴。导师的工作方式是：每天与孩子见一次面；每周简短交流一次；每两周发送一条激励短信；每一个月开一次集体会议；每一个月进行一次深度对话与交流。孩子有了自己的导师，就有了精神的陪伴与依靠，成长的方向就会得到引领，成长中的进步就会得到激励，成长中的问题就会得到矫正！

创新班级管理，培育为人民服务精神。北京实验学校推行全员干部制下班级管理创新改革。如：初一班级 45 人，班级设立九个项目管理组，如少先队项目组、学习项目组、纪检项目组、生活项目组、卫生项目组、宣传项目组、艺术项目组、体育项目组、科技项目组等。每个组 5 人，每组设组长 1 人、副组长 1 人、项目研究员 3 人。班主任会阐述班级项目制管理改革的目的与重大意义，详细介绍各项目组成员的产生步骤，项目组人员的确定要通过竞聘协商的程序产生。班级项目制管理改革，让每一个同学都成为班级管理的主人，为每一个学生成长搭建宽广的舞台。我为人人、人人为我，人人有责、担责尽责，人人奉献、人人享受，团结友爱、创新拼搏。每个学生都将在这个舞台上演绎生命的精彩，在为同学的服务中绽开魅力之花！

开设魅力讲坛，激发精神追求。到底什么样的人物值得学生去模仿、去追寻？什么样的人物才是真正的明星，值得学生去崇拜、去敬仰？为此，学校开设"魅力讲坛"，邀请政治精英、科学名家、德艺双星、航天英雄、部队将军、大国工匠、劳动模范、杰出校友等，我们坚信榜样的力量是无穷的，榜样的示范能给学生正确的价值引领，激发起学生的人生向往、精神追求。到目前为止，魅力讲坛已开设了十七期，每一期都有 500 余名同学参加，每一次活动都是一次精神的洗礼、理想的激发。航天英雄刘洋老师的报告让学生们明白，奋斗总是艰辛的！是需要通过热爱、执着、汗水、智慧、努力来实现的！学习刘洋老师把个人的发展融入到祖国的发展当中，把个人的奋斗融入到祖国的奋斗当中，把个人价值的实现放到中国强大民族复兴的实现当中。学生们记住刘洋老师送给他们的一句话：梦想其实并不遥远，只要我们努力的踮起脚尖！魅力讲坛的一次次洗礼、一次次振奋，激活了学生们精气神、激发出真善美，点燃了青春激情，激励着学生们在奋斗追梦前行！

非凡激情创造教育美好未来

　　教育是一个面向未来的事业，是为党、为国培英育才的事业。未来的人才有多方面的要求，每个学生又是极其复杂的生命个体，成长的环境还处在不断变化中，这些无不凸显教育是极其复杂而艰巨的事业，必须具有创造能力的人才能适应这份工作。教师的创造力来自哪里？唯有激情才能点燃创造的火焰，教师只有创造性地工作，才能探索出适合不同学生发展的教育，才能为每一个学生提供公平而有质量的教育。保持工作激情最重要的方法，就是爱上自己的工作，以自己的工作为荣，爱每一个学生。创建激情的教师团队，与激情人士为伍。相互间的激情不断传递和感染，又将生长出新的激情，让教育的创造力生生不息、枝繁叶茂、发展壮大。激情是一种可以融化一切的力量，可以包容学生成长中的问题，可以化解生生间、师生间的一切矛盾，是一种不断鞭策和激励我们向前的动力。激情是工作的灵魂。有了教育的激情，就会潜心投入、专注研究、阅读提高、写作探究，不断揭示教育规律，不断创造更好的教育。

在所有伟大的成就中，激情是最具活力的因素，成功总是属于充满激情的人。教师要敬畏自己这份崇高的事业，要让教育的激情熊熊燃烧，让教育的激情创造教育的美好未来！

教师要帮助学生发展，逐渐培养学生关注自身的发展、成为有发展自觉的人。从这个意义上讲，教师应该是一个追求持续发展、激情超越、创新前进的人。他对这个世界永远有一种好奇，保持着发现的眼光，每逢遇到一个新的领域，他不是畏缩后退，而是积极地进入，去了解更多。他对周围的世界也要经常去发现。这样的教师会让学生感到很有魅力，因为他经常会跟学生交流自己的研究与发现，他经常会在创造中提供更有吸引力的教育。

如何把自己的个性凝练成一种专业风格，把自己的风格打造成一个品牌，这是每一个教师专业成长道路上必须走的一个路径。品牌不可能一蹴而就，需要沉淀积累，需要不断探索提高，需要经历春夏秋冬，需要尝试酸甜苦辣，需要勇于跋涉攀登，需要在不断创新创造中练就。当你成为自己的品牌，有了自己的专业风格，有了自己的专业个性时，你这一生就会感到幸福且充实，因为你找到了那属于你自己的东西，找到了你生命中最亮的那个景点。

一名教师有可能对某一个人的发展变化留下深刻影响，让他在每一个前进的重要时刻会想到这位老师。这样的教师，就是在真实的意义上成了一位教师，是在做真正的教育，而不仅仅是一个知识的传递者、技能的教学者，他是教育的挚爱者、研究者、实践者、创造者。教育是心心相印的活动，唯有从心里发出来的，才能达到人的心灵深处。

有生命的完整才有生命的魅力，教师必须用完整的人格去塑造完整的人。教师只有成为"忠诚教育、关爱学生、教书育人、为人师表、严谨治学"的人，才能展现教育自身的魅力，才能真正去影响人、引导人、培育人。教育的魅力应从创造中去寻找，教师的魅力应在创造中绽放！

校长的责任在担当与智慧中显现

　　新时代需要创新人才，人才培养需要教育的综合改革，在全面深化基础教育改革的今天，校长如何担当起这一使命，这是新时代的叩问。校长是一校之长，是新时代为国育才的崇高追求者，优秀思想的播种者，学校精神文化的引领者，教师专业发展的促进者，学生健康成长的捍卫者。校长首先不是管理别人，而是努力修养好自己的品行。孟子说："爱人不亲，反其仁；治人不治，反其智；礼人不答，反其敬。行有不得者皆反求诸己，其身正而天下归之。"一个人学习的速度小于社会前进的速度，你就是落后者；一个人思维转变的速度小于社会变化的速度，你就是掉队者。校长只有成为爱学习、会思考的旗帜，才能担当起新时代的使命；校长只有对教育事业倾注无限的热爱，努力探索新时代人才培养的普遍规律，努力提升教育的智慧与魅力，才能扛起时代赋予的历史重任。

校长的责任在理念中彰显

　　昨天培养的人，今天能否成为人才？其成才与否，与中小学教育究竟有何种关系？这是值得每位中小学校长深思的问题。教育必须为孩子今天的幸福成长谋划创新，又必须为孩子的终身成长夯实基础！为国育人，育大气有格局的人，育坚毅有品格的人，育有担当有使命感的人，育守纪律有敬畏心的人，育能合作有奉献精神的人，育善良有美德的人，育健康有创造力的人。校长的责任要体现在育人的优秀理念中，体现在为国育才的崇高使命中。

◆确立以学生为本、促进学生全面而有个性发展的教育价值观

教育的根本目的是立德树人。为党育人、为国育才，必须把价值观的教育作为一切教育的出发点，将社会主义核心价值观教育融进教育的全过程，为把每一个孩子培养成社会主义现代化事业的合格建设者与可靠接班人打下坚实基础。

践行因材施教的教育理念。教育必须研究学生的个性，采用有差异的方法实现有差异的教学，让每一个孩子在自己擅长的领域取得进步。学校要调研学生的学习需求，尽最大可能开设学生成长所需要的科学、人文、艺体选修课程，为学生提供更多的选择机会，鼓励学生在兴趣与特长上有所发展。

树立现代教学观和学习观。教学必须以学生学习为中心，以问题驱动激活思维为策略，激发学生的学习兴趣，提升学生解决问题的能力。要善于引导学生自主学习、合作学习、探究学习、分享学习、总结迁移学习，让学生学会学习，培育其终身学习的习惯与能力。"知之者，不如好之者；好之者，不如乐之者。"教师要善于激励学生，使其能体验学习的深度愉悦，以学为乐、终身学习，为孩子将来的发展做准备。

完善学生评价制度。基于事实和数据，从思想品德、学业水平、身心健康、艺术素养、社会实践等方面，客观准确地反映学生德智体美劳全面发展的情况，使综合素质测评结果可以作为上一级学校了解学生的重要参考。通过对测评过程的记录与评价，促进学生行为的转变，让良好的习惯成就孩子

未来!

改革人才培养模式。深化课程改革，探索参与式教学和探究式学习，努力把孩子培养成学习的主人、发展的主体。推动教师用"学的方式"教，学生用"教的方式"学，建立现代和谐的师生关系，实现教师与学生的融合，教与学的融合。推进开放式学习、从实践探索中学习，真正走向立体式、大空间的育人改革。积极开展社会实践、研学旅行、团队调研、实验探究、公益劳动、志愿活动、魅力讲坛、主题教育等系列活动，丰富学生的精神生活，实现学生在"自然、自己、自由、自觉"中成长。

变革学习制度，实施"选课"制、"分层"教学、"走班"教学，构建教学新常态。"选课""分层""走班"成为新课改的活跃词语，要加强科学研究与管理，让每一位教师都成为孩子成长的导师，在"选课""分层""走班"中促进学生成长，实现科学有效育人。

开展学生生涯规划教育、职业调研与体验活动、自我认知教育等，为未来职业发展做准备。开设职业讲座，与社团活动、心理咨询、综合实践相结合，提高学生对职业的认识水平。开展职业调研与体验活动，使学生熟悉各种职业的属性及其对人才的要求。开展自我诊断与剖析，帮助学生初步选择未来职业，并通过职业规划激发其对学习的兴趣与对职业的追求，促使其持续健康成长。

◆促进教师事业发展

校长必须善待教师，赢得支持。你不善待，就不会有人愿意为你出力；你不坦诚，就不会令人对你产生信任。面对自主选课、分层走班教学，加强校本培训，提高教师的教学能力和水平是新时代的迫切要求。校长要把教师的专业成长放在心上，积极推进教师专业化进程，要为教师的成长搭建最宽广的舞台，如以提供进修培训、指导教师进入名师工作站、组织师徒群体结对、开展教师发展论坛、展示教师成长、去名校考察学习、提供专业书籍等方式，促进教师专业成长。

提升教师发现学生兴趣特长和学科潜力的能力，以及指导学生选课和规划学习生涯的能力。这种能力不是与生俱来的，而且教师在大学也没有学习这类课程，所以特别需要专业性指导。因此校长应开展实践探索研究，邀请专家做专业指导，定期开展研讨交流，激励教师主动发展。只有教师更好成长，才能促进学生更优发展。

在当今时代，教师是一个设计者，要为每一个学生设计适合他的学习方案；教师是一个指导者，要使学生在信息海洋中不迷失方向；教师是一个帮助者，学生遇到困难时，我们要相信他们自己能够解决，但是有些地方我们还是要帮助他们，就像孩子在走路的时候摔倒了会自己爬起来，但有时为了防止他们受伤，必要时我们还是要扶他们一把。因此，在当今知识爆炸的时代，教师应该是一个设计者、指导者、帮助者以及与学生共同学习的伙伴。

教师是孩子思维觉醒的助推器。人所受的一切教育活动，都是在激活和唤醒人体内的巨大电池。如果最终没有唤醒心理力量，一切教育活动就都是失败的。所以只有唤醒这个心理力量，上什么学、学什么专业、到哪里去上学、受到什么样的学校教育，才对人的未来发展有意义。这就好像只要能到达河的对岸，走什么桥都可以一样。当代社会里人们对教育的普遍错误认识是认为"考分就是力量""名校就是力量""出国就是力量"，并在这些方向上越走越远，这都是因为人们普遍没有意识到心理力量的无比强大。人的一生强大与否、成功与否、幸福与否、快乐与否，不主要取决于他的肢体力量，而主要取决于他的心理力量。

加强师德建设，创新激励机制。古往今来，教师都与社会道德密切相关，为人师表的教师，经常会被当成社会的化身，而社会在给予教师应有的尊重的同时，也要求不断强化教师职业的自我约束机制，为此就需要建立规范的教师职业道德和行为准则，教师的专业精神就表现为对职业道德与行为规范的接受和自觉遵守。"忠诚教育、关爱学生、教书育人、为人师表、严谨治学"应成为教师的价值追求。校长要成为学校的师德楷模，引领学校的师德文化。学校要强化教书育人的时代担当，确立师德的标准，树立师德的榜样，实现师德问题一票否决制度，让每一位教师逐步成长为以德示范、立德树人、教书育人的新时代好教师。

◆探索管理体制创新

改革教师聘任与考核制度，调整教学组织；创新教学管理、学生管理和班主任工作机制。加强信息化建设，优化课表编排，提高教室、实验室等教学资源的使用效率。要有前瞻眼光，合理规划增量，科学面对走班教学、二孩上学造成的困境，促进学校健康、持续、高质发展。

教育就是培养好习惯。习惯养成从实质上看，就是帮助人们建立一套具有积极意义的、自动运转的系统，从而规划、巩固、提升生活和生命的水平，使世界变得清晰，使生活变得有序，使生命变得和谐，让人由混沌走向澄明，让个性由蜷缩变为舒展。人生之所以成功，是因为养成了坚持的习惯；人生之所以失败，是因为养成了放弃的习惯。校长要带领师生在习惯培养上创新思考与积极行动，坚持强化良好习惯的养成，让优秀的行为习惯成就每一个孩子的美好人生。在成就学生的同时，也成就了教师、成就了学校、成就了这个伟大的时代，校长的责任和使命也必将在这个伟大的时代中得以彰显。

校长的责任在担当中呈现

孔子（前551—前479），是春秋时代招生最多、影响最大的私人讲学者，他既是教师，又实际兼任自己私学的"校长"。西汉景帝末年，文翁出任蜀郡太守，他首创地方公立学校，成为我国地方公办学校第一位名副其实的"校长"。《汉书》中记载，汉景帝嘉奖文翁兴学，"令天下郡国皆立文学"。"至汉武帝时，乃令天下郡国，皆立学校官，自文翁之始云。"这里的"学校官"即可以理解为"校长"。文翁兴学得到两位皇帝的嘉奖，大大促进了中国教育的发展，为中国历史上著名的"文景之治"增添了光彩。"至今巴蜀好文雅，文翁之化也。"

◆校长的远见卓识，影响师生的未来

古代如此，现在更是如此。校长应当都是佼佼者，既要能够教书育人，又要能够管理好学校，真正把学校建设成"孩子向往、教师幸福、社会满意"的高品质学校。

看一看我们中国近百年来的教育史，著名教育家陶行知、晏阳初、蔡元培等，几乎都办过学校，并亲自任校长。他们为中国培养了大批合格人才、专门人才、杰出人才，其中大多数杰出人才认为自己的成功与在中小学遇到了好校长有关。钱学森（1911—2009）从1923年至1929年在北京师范大学附属中学就读了六年，这是他人生中的第一个学习高潮。校长林砺儒给钱学森教授伦理学，对他产生了深刻影响。钱学森说在17位深刻影响他的人中，有6位是他的中小学教师，排在第一位的就是校长林砺儒。中华人民共和国成立以后，林砺儒校长任教育部副部长。有了在中小学打下的坚实基础，钱学森为中国和人类的航天事业做出了杰出贡献。

　　一位中小学校长，对学校的发展起着至关重要的作用。校长的远见卓识，决定了全校几十位、百余位，甚至几百位教师的终身发展；校长要给全校学生讲话，面对面给学生以直接影响，虽然只有 3 年、6 年或 9 年，但这是学生发展的关键时期，将直接影响每一位中小学生终身的发展。当一所中小学的校长，责任重大、意义深远。多数校长，都是从优秀的教师中遴选出来的，都善于教书育人。从社会上选择"德高望重"的长者当校长，是中国的一贯做法。校长的身教重于言教，校长就是做人、做事、做学问的榜样，是"学为人师，行为世范"的领头人。一个学校选好了校长，是全校师生之大幸。

◆校长的担当精神，助推学校的改革发展

　　一所中小学名校，正是因为有卓越的校长及众多的优秀教师，才能够培养出大批优秀学生，为学生以后成为一个合格人才、专门人才、杰出人才，打下坚实的基础。几乎所有做出创新、做出贡献的人才，在回顾他的中小学时代时，都会由衷地感恩他的老师，感恩校长。

　　每一个学生的毕业证书上，最突出的就是学生的名字和校长的名字，以及校长的签字盖章。一个人的中小学毕业证书，是很有历史价值的，很有保存意义。当他老了的时候，看到他的毕业证书，提起他的校长，或许还能讲述一两个很有意义、很有趣味的故事。

　　学生心目中的校长，学识渊博，德才兼备，与人为善，育人有方。学生时代，在学校里受校长关注的学生，总是能得到极大的激励和鼓舞。很多杰出人才，在中小学里面，就是因为受到校长的关注，而得到了很好的发展，为今后取得的成就打下了坚实的基础。

　　校长要有担当精神，要敬重这份神圣的岗位，善于扛起时代赋予的责任，校长要善于带领干群、师生一起去奋斗、去探究、去发现、去创新、去超

越，去呈现独特的时代魅力！

校长的责任在挑战中展现

校长要处理好各个方面的关系：要面对教育局领导；要面对社会上广大的家长；要关心干部、教师的培养与发展；最重要的是要使每位学生在德智体美劳诸方面得到全面的、健康的、和谐的发展。

◆校长难当，教育任务艰巨

教育第一，全世界每个国家都高度重视教育，我们中国人更是高度重视学生的教育。因此校长面临着很大的学术挑战，面临教育质量的挑战，面临学校生态环境的挑战，面临全校师生健康和安全的挑战；又要有自己的办学特色，要不断地改进课堂教学，学习国外的、国内的各种做法，例如"慕课"、"翻转课堂"、"走班制"、"STEAM"教育，信息技术（Information Technology，缩写为 IT）、人工智能（Artificial Intelligence，缩写为 AI）、机器学习（Machine Learning，缩写为 ML）在教育中的应用等等。面对教育全球化、教育信息化、教育本土化，校长如何把握这些概念，难度极大。

◆校长难当，要有学校办学的"顶层设计"

校长要能明确回答以下问题：

1. 学校的办学思想是怎样表述的？

2. 学校的办学思想有简要的"释义"吗？

3. 学校的办学思想与"校训"有内在的逻辑联系吗？有逻辑的一致性吗？

4. 学校的"校训"能让师生终生受益吗？

5. 学校的办学思想的释义，会每年或几年就会修改吗？

6. 学校的办学思想的释义师生们满意吗？

7. 学校的办学思想体现的学校精神，对于全校师生有持续的激励吗？

做一个有思想的校长，思想从哪里来？"顶层设计"究竟如何去设计？这些对校长的要求既有高度，又有难度，可真不是件容易的事。

◆校长难当，师生给予很高的期望

我曾设计调查问卷，调查什么样的校长是受师生欢迎的校长，是师生喜欢的校长，并列举了50条素质选项，50%以上集中选择的选项是如下10条：

1. 有威信，教师、学生信服。

2. 了解当代师生的思想状况。

3. 善于任人所长。

4. 坚持原则，以身作则。

5. 为人正直，办事公道。

6. 严格要求，赏罚分明。

7. 认真听取师生、家长的意见。

8. 工作效率高。

9. 注意及时更新知识。

10. 办学有特色。

要做到这10条，确实不容易，校长毕竟精力有限、时间有限、能力有限，而师生的期望是无限的，事业的发展也是没有止境的。

◆校长难当，需要有自己的教育坚守

我们国家近几十年的学校发展经验表明：教育不要去赶潮流，不要去搞大跃进，要从我们中国文化的基础出发，从学校的校情出发，从孩子的发展出发，从为国育才出发，发扬优良的传统，在传统中创新。

教育是传承，不能忘记我们的祖先。教育是有关全人类的大事，当然需要借鉴国外的先进经验，但不是全盘西化；同时也不能因循守旧，沿袭陈法。中国人办学几千年了，积累了很多经验，我们理当要继承优良的文化传统。校长"要更加自觉地增强道路自信、理论自信、制度自信、文化自信"。

校长难当，但是在现实中，有许多校长担当重任，游刃有余，举重若轻，得到了全校师生和家长的一致赞扬。当一位好校长确实很难，但是只要认真，取得成就也不难！校长需要有独特的教育激情，需要有厚实的文化积淀，需要国际化眼光，需要有独立的思想，需要有博大的胸怀，需要有人格的力量，勇于挑战一切困难，能越战越勇，校长的魅力也必将在挑战中展现。

校长的责任在智慧中显现

校长是一校之长，校长的素质，直接影响学校的发展。校长承担着管理学校的任务，校长的管理有四种基本模式：

1. 服务模式。管理即服务，服务即为民。

2. 培养模式。管理即教育，教育即培养。

3. 决策模式。管理即决策，决策即选择。

4. 协调模式。管理即组织，组织即协调。

校长要善于灵活使用这四种管理学校的基本模式，用管理的智慧促进学校更好发展。

◆校长要独立思考，自主学习，在继承中创新

校长对于教师的教学风格、教学模式要提倡多样化。微观的教学，中国古人已经说得很明确，如"启发教学""知行合一""学思结合""教学相长""因材施教"等等。校长要敢于拒绝"一刀切"，拒绝形式主义，拒绝官僚主义；坚持实事求是，讲究实效。学校里有多种"以学科教学为主"的教学模式，也有"非学科教学为主"的教学模式，如"主题探究""项目实践""现场实习""活动参与""社会服务"等等。各种教学模式的比例，要根据教师水平、学生能力、社会需要等进行灵活选择。教育需要技术，但不仅仅是技术。技术是重要的，但不是唯一重要的！IT、AI、ML必然要进入学校，人机结合能够大大提高教育效率，但IT、AI、ML不可能完全取代教师。学校教育学是科学，是哲学，是技术，是艺术，是学术，是传播，是一个活生生的整体，而不是仅仅提升"机器人"学习能力的"人工智能"。

◆校长要敬重自然、遵循自然，寻找教育的本质规律

老子的《道德经》强调：道法自然。这影响了全世界！夸美纽斯的《大教学论》只有一个原理：遵循自然！或者说：适应自然。因此，我们的教育也应当适应自然，适应社会，适应思维！教育必须将科学、哲学、技术、艺术、学术、传播等整合在一起。知道这个道理，校长就有理论根据抵制错误的思潮、"时髦"的思潮、耸人听闻的思潮。科学家在研究"人工智能"，而学校教育是应用"人工智能"的成果来改进教学方式，提高教学效率。老子的《道德经》又强调"无为而治"，要"无为而无不为"；"上善若水""为而不争"。看似矛盾，但是理解这些，有利于提升我们的教育智慧。孔子主张"有教无类""仁者爱人""学思结合""和而不同"。《中庸》提出深度学习的

方法论："博学之，审问之，慎思之，明辨之，笃行之。"是大成智慧。

◆校长要对学校的历史负责，传承创新，构建学校文化

现在，每一个学校都应当把在校学生与毕业学生的年度数据保存下来，供校友搜索，学校要定期进行统计研究，寻找育人的本质规律，这对学校发展是很重要的。这一数据，应包括学生的姓名、性别、出生时间、出生地点、父亲姓名、母亲姓名、健康状况、学年成绩、兴趣爱好、品德自评、学生对教师的评价、学生对家长的评价、学生最喜欢的教师、学生最喜欢的同学、学生给学校的建议、学生来自哪所学校、学生考入哪所学校、大学毕业的学校、工作情况简介、最大的成就和贡献等等。学校应有历史，要记录历史，让学校历史成为一种厚重的文化，让优秀的文化得以传承，成为学校发展的动力。

时间有限，但知识无穷，因此，学校的办学模式和教师的教育模式必须多样化，包括信息化、智能化等等。教育模式只有多样化，才可能使教育做到精益求精。辩证法告诉我们：教育要在适应的基础上有超越，在变化的基础上找不变，在多样的基础上寻求统一。

钱学森说"集大成，得智慧"，我们都要领会钱学森的"大成智慧学"。而校长的智慧来自长期的大量阅读、科学的人本精神、持续的实践探索、不懈的反思研究、勇敢的创新超越等，其魅力也必将在担当与智慧中绽放。

让阅读成为现代公民的新时尚

　　全民阅读水平，是衡量一个国家、一个民族、一个社会文明程度的重要标志。阅读不仅是一种生活方式，更是一种爱家爱国的情感根基；阅读既是一种个人行为，也是一种民族的文化形态；既是一种社会的文明风尚，更是一种国家的精神力量。一个有着浓郁阅读氛围的社会，青少年从小耳濡目染，感受良好的书香熏陶，必然具备优良的道德品质和精神风貌。徜徉在阅读的世界里，学习先贤的先进思想与处世智慧，站在生命更高处与名家学者对话，拓宽生命视角，启迪心灵智慧，涵养家国情怀，让先进的中华文化得以传承和延续，让人们的心灵更加善良与纯洁，让公民的道德水准得到净化与提升，形成崇德向善的良好社会风气。在实现伟大中国梦的新时代，给每一位中华儿女提出了更高的要求，只有提升全民阅读水平，才能提升国民综合素质；只有努力创建阅读文化，让阅读成为现代公民的新时尚，才能早日实现伟大复兴的中国梦！

阅读会让心灵更纯净

　　喜爱阅读的人，内心世界能够获得真正的安宁。当下快节奏的生活导致很多人产生了焦虑不安的情绪，读书则是调整心态、缓解压力的最佳方式。南宋大诗人陆游，晚年穷居乡间，常靠读书怡情，他切身体会到了"读书有味身忘老""病中书卷作良医"。阅读常能使人醍醐灌顶，喜悦之情油然而生，压力烦恼烟消云散。喜爱读书，就等于把生活中寂寞无聊的时光转换成巨大享受的时刻，因此以读书修身养性，方能成为一个懂情趣、有温度、会思考的人。

有一个这样的小故事：在一座山里，住着一位老爷爷和他的小孙子。每天早晨，老爷爷都会早早起来坐在书桌前读书。有一天，孙子问道："爷爷！我也想和您一样读书，可我读不懂。只要我把书本合上，我就忘得一干二净。读书有什么用？"爷爷指着一个篮子说："这个篮子是放煤炭的，你带去河边，帮我打一篮子水回来吧。"于是小孙子照爷爷说的去做了，不过到家之前篮子里的水早早就漏光了。"你下次得跑得快一些。"老爷爷笑着把孙子再一次带到河边。这一次小孙子跑得飞快，但他回来之前水依旧漏完了，试了好几次后，男孩终于说："爷爷，篮子装不了水，这根本就没有用！"爷爷笑着说："你觉得没用，可是你再看看篮子。"男孩转过头看篮子，他发现，原本又破又脏的煤炭篮子，已经里里外外都变得非常干净了。

我们读书就是这样的。书好比河水，我们的心就好比那个装过煤炭的篮子。我们每次用篮子去捞水时，什么也捞不起来，但是篮子却变得越来越干净。书读多了，虽然很难记得全部，但是我们的心灵就会慢慢变得纯净，想问题就更懂得开动脑筋，慢慢变得会思考、会选择、会追求价值。

徜徉在阅读的世界里，享受书中的旖旎风光，感受字里行间的美妙深情，吸收着成长的精神养分，反思行走的人生之路，会让我们的生命沉淀下来，让我们的心灵更纯净。

阅读会让世界更有爱

一本书就是一个世界，阅读越多，内心越沉稳，对世界越充满爱。一个从小便培养孩子阅读习惯的家庭，必定深深地懂得读书对个人发展的重要性，他们对孩子言传身教的教育方式，必定会使孩子一生受用。而一个从小便热爱读书的孩子，长大以后，必定是一个内心极其富足且思维足够开阔的人，他热爱生活、热爱生命、热爱世界。

我们常说，在一个人的气质里，藏着他曾经读过的书，走过的路，见过的人。因为气质是岁月长期沉淀的产物，是漫长时光所赠予我们最好的礼物。换句话说，你的内心是怎么样的，你的世界就是怎么样的。你读过的书，让思想活跃；你走过的路，让视界开阔；你见过的人，让情感升华。我们有时会说，好看的脸蛋太多，有趣的灵魂太少。那究竟什么是有趣，什么又是无趣呢？在我的理解里，有趣就是热爱自我、热爱生活且内心充满活力。即使阴天内心也装满阳光，即使下雨灵魂也依然高昂，不会因为环境而影响自己，永远保持行动和思想的高度统一，永远保持内心独立、自我清醒。这样的人，无论在什么时候都会有自己的思考和见地，不会一味地迎合抑或沉沦，从而失去立场，失去自我。我钦佩这样的人，同时把这样的人归为"有文化"的人。什么是有文化？至今我最喜欢的一个答案是：文化就是植根于内心的修养，无须提醒的自觉，以约束为前提的自由，以及为别人着想的善良。读书不一定会让你有文化，但是有文化的人，一定热爱读书。因为读书是思想必需的营养，也是思想无穷的源泉。大家在阅读的世界相遇、相识、相依，让这个世界相互依存、相互激励、相互促进、共同发展！

书是通往知识的桥梁，书是穿梭历史的车轮，书是人类智慧的宝库，书是打开世界的天窗，让人足不出户便能和千年前的圣人对话，便能和他国的科学巨人碰撞，默默吸收营养、修身养性，让这个世界更加充满爱！

阅读会让生活更精彩

读书是一种消遣，读书是一种旅行；读书是一种生活方式，读书是一种生命状态；读书不仅使自己有知识，还使自己有文化；读书是一种生活历练，一种品德修行；读书可以使自己阅历丰富，学识深厚，精神充实，内心宁静，气质高雅，思想高贵。

喜爱读书的人，气质会由内而外地散发出来。容貌是心灵的体现，美好的心灵滋养着魅力的容貌，爱读书的人会有时光也带不走的美丽。读书对内可激发自己的无限可能，对外可探索世界的无限可能。读书让沙漠里有炙热的风，火山口有蓝色的焰，密林深处有静谧，雪山之巅有苍远。读书可以在别人的世界里寻找自己，也可以在自己的世界里欣赏别人。即使是一个放羊人，如果多读书，也会更了解羊群，了解草原，了解怎样照顾羊，怎样把羊养得健康，怎样把羊卖出好的价钱。这样我们才能更喜欢放羊，放羊也会成为一种有诗情画意的生活，把放羊变成一种自己喜爱的事业，甚至可能成为放羊的专家。

阅读不仅充实我们的人生，还会让我们用不同的视角去看广阔的世界，去感受不一样的人生，去理解不一样的生命，去追寻精神世界的美好，去创造更精彩的生活！

阅读会让生命更完整

人生命的一半是物质，另一半是精神。读书是对精神那一半生命活力的滋养、生命能量的补充。在地球上所有物种中，除物质之外还需要精神滋养的就是人类。只有人，有精神生活，有主观思维，会改造客观，追求生命价值，追寻人生幸福。

精神世界对人生来说是不可或缺的宝库。喜怒哀乐，七情六欲，理想追求等是人生精神世界的重要内容。马克思给人下定义：人是各种生产关系的总和。人与人的关系，主要不是物质交往，而是精神交往。谈话、书信、亲情、爱情、政治、学术、艺术等，都是精神活动。小孩子只知道好吃的东西最重要，而人一进入成年就会发现，精神满足更重要，精神世界更辽阔。所以才有为爱情而歌唱，为自由而斗争，为理想而献身。爱情、自由、理想、知识、艺术等等，靠什么来交流、传承？需要人生的追求、细腻的情感、广博的知识、深厚的功底、艺术的表达……只有在阅读的世界里才会找到更多的答案。

读书是一种充实人生的艺术。没有书的人生就像空心的竹子一样，空洞无物。书本是人生最大的财富。我们要努力创造一个高发达的物质世界，实现人民共同富有，还必须创造一个强大的精神世界，实现人民的精神价值。行走在阅读的世界里，才会走向生命的完整。

阅读会让公民更时尚

苏霍姆林斯基说："无限相信书籍的力量，是我的教育信仰的真谛之一。"书籍是通过心灵观察世界的窗口，住宅里没有书，犹如房间没有窗户。前人穷一生之力写一本书，我们透过阅读文字，花两个礼拜便可以把他人一生经验的精华接收过来，转化成为自己的，我们就站在了他人的肩膀上，登上了更高的境地，可以看更美的风景。

读书是一种对话，和外部世界的对话，同时也是和自己内心的对话。一个人通过阅读，不但能洞察外部的现实世界，同时也能更清晰地显示出自我人格。教育的目的是完善人，而阅读是最核心的教育方式之一，是完善人的途径。朱永新先生说："从个人发展的角度看，一个人的精神发育史实质上就是一个人的阅读史；从民族发展的角度看，一个民族的精神境界，在很大程度上取决于全民族的阅读水平。"犹太人让孩子们亲吻涂有蜂蜜的书本，是为了让他们记住：书本是甜的，要让甜蜜充满人生就要读书。读书是一本人生最难得的存折，一点一滴地积累，会让我们发现自己是世界上最富有的人。

人与人最大的差距是追求精神世界的不同，而拉开差距的，就是我们是否热爱读书，是否有一颗往更高楼层攀爬的上进心。一个人，不能改变自己的形象，却能改变自己的气质；一个人，不能达到理想的高度，却能提高自己的水平。读书，会让我们遇到更好的人，见到更精彩的世界，拥有更好的选择。

作为社会一分子的每一个人，自身所形成的良好素质必然浸透到社会的每一个角落，让更多人感受到阅读带来的好处。因此，只有让阅读成为一种全民的生活方式，成为一种社会的新时尚，才能营造一种文明和美、相互依存、彼此关爱、积极向上的良好社会风尚。

在这个知识爆炸的网络时代，阅读虽然无法把我们变成一个完美的人，却让我们不断探寻真知，变成自己更好的样子。读书学习不仅关系到一个人的成长、成才，也关系到一个国家、一个民族的发展、壮大。给思想留一片芳草地，给心灵寻一处栖息所，给生命装一个发动机，有书籍的生活是明亮的，爱读书的人是幸福的！好读书、会读书、乐读书，让阅读成为现代公民的新时尚，成为振兴中华民族的新希望！

教育需要智慧与理性的爱

　　立德树人、为国育才是教师崇高的使命，面对鲜活的、独特的生命个体，只有充满爱心的教师，才能扛起时代的历史重任，履行时代赋予的使命。爱是教育的基点，教师只有心中有爱，才能坚持理想、坚守信念、敢于淡泊。爱是人类最真实的情感，爱是传递温暖的纽带，爱是家庭幸福的源泉，爱是战友纯洁的情怀，爱是奋斗拼搏的动力，爱是通往幸福的桥梁，爱是成就事业的前提。教师爱学生，是职业的使然，是使命的呈现，有爱才有教育，师爱是师德的灵魂。爱是教师最重要的法宝，师爱如水，它看似柔弱，但却蕴藏着强大的教育力量，能感动心灵、启迪智慧、激发动力、创造奇迹。

教育需要心灵之爱

　　教师要有积极健康的心态，重视孩子的心理健康教育，做孩子心灵健康成长的导师。教师要善于从细微处观察与研究孩子的心理变化，努力走进孩子的内心，做孩子心灵的朋友。教师要善于用高尚的师爱与孩子的心灵对话，教师只有从心灵深处发出的爱，才能达到孩子的心灵深处。只有当教育充满了令孩子感动和难忘的故事，孩子的心灵才可以敞开，才会获取成长的力量，思想才开始变得活跃，独立思考和创造的潜能才会得到激发，才能提振精气神，从而健康活泼成长。

教育需要激励之爱

歌德曾说："如果你以现在的样子对待他，他将如其所是；但如果你以他应该或可能的样子对待他，他将成为他应该或可能的样子。"教师要有善于发现孩子优点的能力，要从多维的时空中敏锐捕捉孩子的点滴进步，从而激励引导其向更优秀的方向发展。同时教师也不能回避孩子成长中的问题，要根据问题的严重程度选择有效惩戒的方式。但惩戒不是目的，提高其思想认识，使其学会反思前行，才是教育的目的，才可以在美好的期待中，静待花开。教师要善于在包容中激励，在激励中包容，通过科学、有趣、理性的期待与激励，提振孩子的信心，帮助孩子愉悦成长。

教育需要力量之爱

教育不只是教"好孩子"，而是要教"好"孩子。孩子之间千差万别，教育要善待离我们标准较远的孩子，因为他们也必将成为未来社会的建设者，一个社会的文明、和谐、进步、强大，需要依靠每一位国民的共同努力。我们要相信在爱的熏陶下，在执着的教育耕耘中，在教育的创新与坚持中，他们会进步、会有美好的未来。我们应该尽最大的努力，付出最大的爱心与耐心，细心呵护这些容易受伤的人，给这些孩子持久的力量。当这些孩子体会到你的爱、你的认真、你的坚持、你对他们的真切希望，会感到一种温暖和力量。在这种温暖和力量中，孩子们终将被感化，最终走向自我进步、自我超越的成长之路。

教育需要文化之爱

人创造了文化，文化也在塑造着人。优秀文化能够丰富人的精神世界。积极参加健康有益的文化活动，不断丰富自身的精神世界，是培养健全人格的重要途径。创设集体优良文化，培养人文情怀，是建设班集体的最有效方法。充分调动全体孩子、教师、家长的积极性，组织大家相互讨论、充分交流、统一思想、凝聚智慧，建立班级共同的价值文化，制定有班级特色的班名、班徽、班训、班规、班歌、班级理想等，营造班级氛围，引领孩子成长。用班级项目制管理助推班级管理的全面改革，班级成立九个左右的项目组，每个项目组设组长、副组长、项目研究员，每个同学都是项目组的成员，这样便实现了全员干部制班级管理改革，所有班级成员都是班级的主人。充分调动孩子们的积极性与主动性，为每一个孩子的成长搭建宽广的舞台，使其各尽其责，积极构建班级管理的新文化，推进班级治理的现代化，让各项工作在创新中取得突破，在突破中实现超越。学校、班主任要高度重视每周的主题班会，让班会成为学生精神动力的加油站。要开发出有文化特色的主题班会，由各个项目组轮流承办，人人都为班级发展出力，让班会成为推动孩子成长的文化盛宴，孩子们在共同建设班级文化的同时也实现了自己的快速成长。

教育需要智慧之爱

会思考才会有思想，有思想才会更好地思考。有智慧的人其实就是善于思考的人，他们往往有良好的思维方式。思维方式对于教师而言太重要了，只有好的教育思考才会有好的教育行为，因此要将思维学设为教师的必修课。教师一定要学会系统思考、整体思考、立体思考、逆向思考、换位思考、创新思考，要成为思维敏捷的人。有时候教师遇到教育问题就懈怠、心灰意冷，为何不转换思考角度，将问题点当作突破点与创新点，从而激发起对解决问题的追求，推动自身的成长与发展呢？教师要习惯在矛盾中思考，在事物的互相联系中思考，在刨根问底中思考，在思考中询问自己，怎样的思考才是有智慧的思考，怎样的教育才是有智慧的教育？总之，教师要善于在智慧的教育天地里，用自己满腔的师爱推动孩子走向更美好的未来！

教育需要理性之爱

教育应点燃孩子激情、唤醒孩子梦想、激发孩子斗志，鼓励孩子不畏困难、勇于挑战、努力向前。教育之爱不是糊涂之爱、无缘由之爱，而是无私之爱、理性之爱，是建立在理性思考之上的真实之爱、真情挚爱。教育的理性来自教育的观念，有好的教育观念，才有理性判断的能力，才会让爱变得有精神价值、有人生力量。我主张"八个'x'比'y'重要"的教育理念：成人比成功重要；成长比成绩重要；体验比名次重要；付出比索取重要；巧干比苦干重要；勇敢比退缩重要；对话比对抗重要；激励比指责重要。只有优秀的教育理念才会带来教育的活力，推动孩子全面发展。

生活，是由一个又一个的爱心串联而成的，教育更是如此。教育中的爱会透出教育的智慧、教育的理性。一个稍纵即逝的眼神，不自觉的一番温暖激励，一次发自内心的微笑，一次师生对话及互动中的灵光闪现，只要细细品味，就会有所发现，并能给学生以启迪、以力量。教育过程也是发掘爱的过程，学生的一句话，一个表情，一个手势，一次低头，都是一个细节，敏锐地抓住它，深入地挖掘它，就会找到教育的突破口，甚至会形成一股教育旋风，让学生心灵的冰块融解，颓废的精神振奋，成长的力量迸发。

教师要努力提高学科教学质量

教育公平是社会公平的基础，如何给每一个孩子提供公平而有质量的教育，这是值得每一位教师深思的问题。只有每一位教师都能提供优质的教育，教育的公平、优质才能实现。教育是光荣而艰巨的事业，面对不一样的孩子、不一样的班级、不一样的年级、不一样的学段、不一样的学校，没有一种万能的教育方法能适应千差万别的孩子，因此教师的工作面临巨大的挑战性。教师应该怎样给孩子提供优质的教育呢？

如何提高所教班级的学习成绩？教师应该从哪些方面努力？这些问题都需要理性思考、整体思考、系统思考、创新思考。经过三十多年的教学实践探索，我认为教师应从如下方面去努力，才能较快地提升自己的专业水平，才能给所教班级的孩子提供优质的学科教育，进而提升所教班级的学科教学成绩。

教师要努力提升课堂教学能力

教师要拥有现代教学观。要尊重孩子、相信孩子、关爱孩子、平等对待每一个孩子，善于激励引导每一个孩子前进。要努力提升课堂的吸引力，激发孩子的学习兴趣，激活孩子的学习内动力。要尊重学生的主体地位，让学生成为课堂的主人、学习的主人。

教师要提高教学流程（尤其是学习流程）的设计能力。教师课前准备要充分，要科学设计课堂教学流程，让课堂的流程之间科学连接，让每一个环节达到趣味性与有效性的统一。

教师要提高问题设计能力与启发能力。课堂是为了解决孩子自学中遇到的问题，教师要有发现、挖掘、设计问题的能力，提高问题的针对性、层次性、质量性。教师要有启发、引导、点拨的能力，能针对问题逐步打开学生的思维，拓宽与发展学生的思维能力。

教师要提高课堂的组织能力。教师要提高在课堂上的观察力，善于用身体语言与学生交流。要提高语言的凝聚力、感染力、概括力，能展现学科语言的独特魅力以及个人的特有风格。要学会科学评价学生，在充满艺术与智慧的激励教育中促进学生成长。

让每一堂课都充满魅力，提升每一堂课的质量是提高学科教学质量的关键。

教师要努力提升对教学大纲、课程标准、考试说明、考试试题的研究与把握能力

教师应深层次吃透教学大纲，深刻把握课程标准。一定要清楚教学目标，把握教学尺度，学科的核心素养如何提升，学科育人如何实现，教师必须心中有数、有效驾驭。这样才能把握方向、把控课堂，提升教学的针对性与有效性。

教师要研究考试说明，牢牢把握考试说明的精神。考试说明为考试确定了内容、方式、结构、样卷、难度，深入解读考试说明，可以为课堂设计、问题选择、提升教学质量提供重要依据。

教师要深入研究近几年对应考题的特点。要对近几年对应试题做综合性、整体性、比较性、推理性、预见性的分析，发现命题的规律，探究考试的趋势，把握考试的方向，为平时提高设计问题、选择练习题、命制试题的质量打下基础。

教师要读懂学生，研究学生的真问题。教师要在研究大纲、标准、说明的基础上，进一步研究学生存在的真问题，教学的重要任务就是要解决学生学习中存在的真问题。问题的针对性越强，解决问题后的效能就会越高。

教师要读懂自己，研究自己的问题。教师要有反思能力，善于自我发现问题、自我矫正问题，不断提升自己的教育境界与专业水平。

教师要习惯在研究中工作，在工作中反思，在研究与反思中提升自我、超越自我、升华自我。

教师要努力提升教育的激情与人格魅力

教师要做立德树人的表率。教育是人格与人格的对话，思想与思想的交流，教师要努力做学生精神的导师，引领学生进步与成长。

教师要有对学科教育的深度热爱。教师只有对学科热爱，并对这份爱执着坚守、尽情奉献，才能以爱育爱，激发起学生对学科学习的奋斗精神。

教师要对每个学生充满爱。爱是教育的起点，也是教育的归宿，有爱才会有教育。爱学生是教师的职业使然，这种爱是高尚的、理性的、艺术的、持久的、无私的，这种爱能激发学生的精神力量，是孩子信心的奠基石。伟大的师爱能激励学生不断提升自信心，推动孩子持续发展。

教师要以自身高尚的人格去影响学生、激励学生、成就学生。教师要永远带给学生激情与活力，对教育充满信心，对自己充满信心，对学生充满信心。信心是力量之源，奋斗是成功之母，教师信心充足，才会激活学生的奋斗精神，从而加速其成长。

教师要努力提升学科解题能力

学科教学要让学生走出题海，教师就需要走进题海中淘金，精选出有价值、有针对性、高质量的习题，这样可以提升学生实践练习的质量与效率。

教师要加强解题的研究，揭示解题的普遍规律。教师要有解各种较为复杂习题的能力，并思维灵活，方法多样。教师要有选择与开发高质量问题的能力，加强有效性、针对性训练，提升学生的各种思维能力。教师要会抓母题，要研究题根，要有强大的知识迁移能力、融会贯通能力，才能有效开发学生的思维，促进其思维能力的发展与突破。

教师要努力提升对学科整体知识的分解与组装能力

任何一个学科都像一辆汽车，具有两个特点：第一，它有很多零件，也就是众多的知识点；第二，这些零件（知识点）可以按照一定的规律组合起来，互相联系。梳理清楚知识之间的联系，构建完整的知识结构，这样一个学习过程，也就是系统学习的过程。把握好这些零件组织的规律，我们就可以开着汽车在学习的道路上飞奔了。

学科知识分散在不同的板块、不同的章节、不同的知识点中，学习只能按部就班、循序渐进。首先，必须对各知识点进行逐一学习，达成各知识点的学习目标。其次，要对各板块进行整合梳理，从知识结构、逻辑关系、思维体系中寻找知识的内在规律，认清知识之间的本质联系。最后，要对学科整体知识进行组装，让各零部件之间科学、有序、无缝衔接，组成学科这辆车，学生才能开着这辆车在学习的道路上愉快前行！

教师要努力提升学科命题的研究能力

教师要学习学科命题的系统理论、试题功能、命题流程、考试诊断，加强对命题的系统研究，要认识、理解、把握命题的思路，积极进行命题的探索与实践，提升自身的命题能力。

命题能力是教师专业水平的重要标志，教师命题的研究与实战能力越强，教学的针对性就越强，教育的效果也就会越好。

教师要努力提升学法指导能力

授人以鱼不如授人以渔，学生总有一天要离开学校，教学生学会学习才是教育的王道。知之者不如好之者，好之者不如乐之者。会学才会好学，既好学又会学才会乐学。会学就会提升学习的效率，会学也是减轻学生作业负担的最佳途径。

学法指导能力是教师重要的专业能力，教师要把提高学法指导能力作为提升教师专业水平的重要突破口来抓。教师既要研究教的方法，更要研究学的方法，教学生学会学习是教师的天职。学习方法是一门系统的科学，教师要进行系统的学习与研究，要开展学法研究的实践探索，要逐步揭示学习的规律，点化、引领学生寻找适合自己的学习方法，学会学习、深度学习、自主学习、快乐学习。

教师要善于给学生安装好成长的发动机

教师要善于点燃学生的梦想，激发其精气神，激励其勇敢追求。教师要成为学生的精神导师，引领学生去追求人生的理想，从而创造有价值的人生。学生有了理想，前进的路上就有了灯塔，就能走向远方。

教师要用发展的眼光看待学生的成长，用包容之心看待学生成长的问题，用赏识的眼光看待学生的点滴进步，激活其成长的内驱力，让学生体验学习的乐趣与成功的喜悦，不断给学生以期望，给学生以关爱，给学生以帮助，给学生以动力，使其幸福成长。

教师要努力提升自身素养与教育境界

教师是身心健康的示范者。教师要加强自身体育锻炼，养成良好的生活习惯，全面保护自身的身体健康，做一个心灵善良、强大之人。只有强壮的身体，健康的心灵，才能扛起教书育人的重担，才能无愧于时代赋予的使命。

教师是学习的榜样。教师是人类文明的传播者，是民族精神的守护神，是终生学习的示范者。一位教师就是一面旗帜，教师要博览群书、以文养心、充实自我、修身养性、提振精神。

教师的责任感与奉献精神是成就事业的前提。教师的工作特别辛苦，要想取得优秀的业绩或者骄人的成绩，就必须具有高度的责任感、开拓创新的精神、无私奉献的精神。

教师要有构建良好师生关系的能力

有好的师生关系才有好的教育，也才能更好地提升学科教学质量。教师是改善师生关系的主导方，具有构建良好师生关系的责任与使命。教师要有对教育事业的无限敬畏，对学生成长的热切期待，要热心平等地关爱每一个学生，要增加与学生相处的时光，主动为学生答疑解难，陪伴学生成长；要善于做学生的知心朋友，读懂学生，与其进行心灵对话。教师只有用心去关爱学生的全面成长，才能触及学生的内心，从而激发出孩子成长的力量。

师生之间要开展立体的对话与交流，要耐心让学生把话讲完，用心倾听孩子成长的需求。真正建立起民主、平等、融洽、和谐、合作的伙伴关系，让良好的师生关系助推孩子快乐成长！

家校牵手，为孩子美好未来奠基

古语云："养不教，父之过；教不严，师之惰。"这说明，古人早已认为学校和家庭教育是一体的，家庭和学校的教育缺失任何一方都孤掌难鸣。著名教育家苏霍姆林斯基也说过："只有学校教育而没有家庭教育，或者只有家庭教育而无学校教育，都不能完成培养人这一极其艰巨而复杂的任务。"只有家校友好合作，才能营造健康的教育环境，促进孩子成长；只有家校相互支持，才能树立共同的价值追求，培养适应未来社会、未来生活的人；只有家校合二为一，才能担当新时代赋予的责任与使命，为中华民族培育合格的建设者、可靠的接班人；只有家校温暖牵手，才能营造积极向上、充满活力、富有诗意的童年教育，为孩子美好未来奠基。

父母是孩子的第一任老师，也是孩子永不退休的"班主任"，孩子的成长，父母负有重大责任，教育好孩子是父母的神圣事业。孩子是父母的血肉，也是国家的公民，孩子是家庭幸福的源泉，也是国家民族的希望。教育孩子是一种专业、一种情感、一种担当，因此父母一定要学习教育知识，了解儿童成长与教育的规律，创建良好的家庭教育生态，让孩子有愉快的童年、能幸福地成长。父母和孩子有血缘关系，在家庭教育中常常能做到以情动人。另外，父母和孩子的接触时间最多，了解最细，所以父母能根据孩子的实际进行针对性的教育。

学校是育人的阵地，教师从事的是崇高而伟大的事业。伟大的事业需要伟大的精神、伟大的品质、伟大的毅力，教师必须用 100% 的爱去关注每一个孩子，用无私温暖之爱去激励每一个孩子。学校教师是经过专业训练与培养的人才，在教育过程中要表现出有计划、有系统、有智慧、有艺术地引导和启发孩子，立德树人、全程育人、全面育人。

培养人是家庭和学校共同的责任。在教育孩子的问题上，家长与教师是平等的，两者只不过是不同场合的教育者而已。家庭是学生成长的温馨港湾，家庭教育是学校教育的基础，是与学校教育互为补充的重要教育途径，不是学校教育的简单重复，更不是简单继续。因此，家长要经常和老师沟通，了解学生在校的发展状况，积极配合学校做好孩子的教育工作，共同促进孩子的发展。如果孩子在学校出现问题，老师应第一时间与家长进行沟通，让家长知道在哪些方面需要与老师配合。同样，如果孩子在家出现问题，家长应该积极地与老师沟通，及时把信息反馈给学校，以便学校和家庭共同解决好孩子的问题。家长和教师在对孩子的教育上各有责任、各有所长，如能进行优势互补、同心协力、相互鼓励，形成家校合力，定能更好地促进孩子幸福成长。

在实际的教育中，家长与教师之间还存在着种种疑惑，相互之间还缺少信任。有些家长就有这样的担心：老师会重视我的孩子并且好好教他吗？能提升我家孩子的成绩吗？面对家长的质疑，老师心里难免会有一些难过：我尽心努力的付出能得到家长的尊重吗？我用心育人真的能够得到家长的理解与支持吗？其实无论家长还是老师，这些困惑都可以放下，因为我们的目的是一致的——让孩子健康快乐地成长。因为孩子，我们才会聚在一起；因为对孩子有期待，我们才会成为合作无间的盟友。新时代的教育，需要我们放下所有芥蒂与误会，树立共同的育人观、成长观、成才观，为了孩子的当下与将来一起努力、一起修行、一起成长。

成长比成绩重要。家长想让孩子考高分、拿第一，我们十分理解。可比成绩更重要的，是让孩子学会做人、健康成长。教育，是养成人格的事业。光灌注知识、练习技能，岂不是把孩子变成了学习机器？每个孩子都是独立鲜活的生命个体，成绩可以让孩子感到自豪，但让孩子感到自豪的东西有千万种。一定要让他们什么都学，什么都接触，多走出去看看，多动手尝试，培育兴趣爱好、发展特长。人生的精彩不止一种，有人登上高峰，也有人在山下鼓掌。

家庭是孩子成长的温床。父母的帮助，家庭的支持，对于孩子来说太重要了。只有父母积极参与到教育中，孩子才会学得更安心、更用功，成长得也会更好。孩子成绩的高低，家庭的作用远远超过学校。不管孩子上课时听得多认真，如果回家后没有良好的家庭氛围，没有温暖的学习环境，没有能起示范作用的家长，孩子不想学习、不愿学习，成绩也一定上不去。优秀成绩非天生，每一个优秀的孩子身后，都有一个给力的家庭。给孩子造梦的最好时机就是现在，希望各位家长不要错过，改变自我、提升自我，孩子才会更幸福成长。

严而有爱，纵容是毁坏。陶行知说过：教人要从小教起。孩子就像幼苗，养得好才能发芽生长。在关键的基础教育阶段，家长千万不要纵容孩子，不要以爱的名义，耽误了孩子的成长。不好好教育孩子，是父母的过错；不严格要求孩子，是老师的懒惰。只有严，孩子感受不到爱，成长会缺少力量；只有爱，没有严，孩子会畸形发展。优秀的孩子都是"严"与"爱"的和谐结合。

家长不要对教师过于苛刻。新时代的孩子成长环境发生了变化，他们的信息来源十分广泛，个性特点也十分鲜明，对教师提出了非常高的要求。同时教师不是只教一个孩子或几个孩子，教师要管理一个班级甚至几个班级的学生，确实没办法对所有学生都面面俱到，更不能像家长一样事无巨细地照顾好每个孩子，因为精力和时间都不允许。虽然老师不是无所不能的，但一定会尽力而为。再加上处于一个多元文化的时代，每个人的价值观不同，家长和老师教育孩子的理念也不尽相同。教师要按照党的教育方针育人，要按照社会主义核心价值观引领培养学生的三观。每个家长的想法是不一样的，家校之间的差异是一定存在的，但请家长相信，从前、现在、将来，老师们都在尽心尽力、教书育人。

期待家长能敬重教师的专业。专业的事需要专业的人来做，家长要尊重教师职业的专业性，要相信老师能用专业的态度与能力做好教育，要尊重教育规律，还要理解老师的良苦用心；家长要理性对待孩子对老师、对学校的评价，尤其是在孩子面前不要轻易否定学校、否定老师，否则易让孩子不信任学校、不信任老师，从而使学校教育大打折扣，也一定会影响孩子的成长。

希望家长能包容教师的疏忽。或许教师不能第一时间回复您的信息，希望您能理解，因为他们可能正在上课，正在开会、正在培训，无法随身携带手机；或许孩子不小心在学校弄伤了自己，希望家长能体谅，不要第一时间责怪教师，毕竟教师心里也很难受。有时候，由于时间、空间、精力、经验等问题，疏忽确实在所难免，再负责的教师，也会有力所不能及的时候。人无完人，孰能无过？今天的教师都在学习，都在进步。今天的家长也要不断学习，跟上孩子成长的步伐，以便更好地支持教师，配合学校工作，家校协同作战，开拓孩子的美好未来。

期待家长与教师携手合作。教师在进行教育教学工作时，应当多和家长联系和沟通，多听取家长的意见，认真观察学生的日常表现，及早发现每一位学生的"苗头"，及时有效地向家长反映情况，并寻求家长的配合教育，让孩子在白天、黑夜、平时和周末都能得到连贯性的教育。另外，在管理班级时，定期召开家长会议，多倾听家长的建议，并将班级的德育目标、教育策略、管理创新、文化建设、问题反思等与家长协商，凝聚家长智慧，打造积极向上、团结协作的班级风尚。对每个孩子的期望、孩子的点滴进步、班级的重要活动等通过短信、微信等告知家长，让家长了解和理解学校的各项工作，从而能更全面地配合学校教育孩子。同时也请家长相信，教师始终怀着跟家长一样的心情与期待，和家长站在同一条战线上，为了每个孩子而全力以赴，让他们学会做人、学会做事、学会生活，成为一个更优秀的人。

家长、教师对孩子的爱是一样的，互相信任才能互相成就。家校和谐了，孩子会更优秀。在孩子教育的路上，请家长与教师并肩努力，心在同一个地方，劲儿也要往同一个地方使，为孩子的美好未来保驾护航，给予孩子成长最强大的力量。

第三章

魅力学法研究

自信是成功的第一秘诀

什么是自信呢？就是确信自己所追求的目标的正确性，并坚定自己有信心和能力去实现它。自信心对于一个人一生的发展，无论在智力、体力、为人处世的能力或是学习求知的动能方面，都有着基础性的支持作用，它和成功的概率成正比。一个人自信心越强，越能够不畏失败，不怕挫折，越能产生强大的精神动力和进取激情，会尽力排除一切障碍来实现自己的目标。爱默生说："自信是成功的第一秘诀。"孩子们！树立起自信吧！只有建立在自信基础上，你才能健康发展、持续奋斗，才能全面发展、取得最后的成功！

立志生长自信

人生一开始就像是一张空白的五线谱纸，我们每长大一点儿，就会在这张五线谱纸上谱写一个新的音符。中学时代的我们所希望的，是有丰富而且永远美丽的心灵，为自己写一曲最精彩的人生之歌。"志不立，天下无可成之事"，这句话对我们每个孩子都是一份警醒。我们需要思考，不能像原来一样无忧无虑了。这是对人生道路的选择与思考，作为新时代的青年，第一步就是在人生道路上做出选择。曾经的路是被大人规划好了的，那么我们长大成人以后呢？

"立志"是我们人生应该学会的第一步，你的志向有多高，你的路就会有多远。我们立志成圣贤，未必最终能成为圣贤，但若没有一个足够高远的理想，怎么能让这颗平庸之心庄严起来，怎么能有力量抵挡社会的诱惑呢？现在是我们立志的最佳年华，立志能带来积极的生命状态，是生命阳光的呈现，如果心中充满阳光，生命就会充满力量。

有些人每天起早贪黑，忙忙碌碌，看上去与虚度光阴的人恰好相反，可是最终也是徒劳无功，一事无成，为何会这样呢？其原因就在于，没有坚定且高远的人生志向作为引导，人生就如无舵之舟、无衔之马，不知最终会去向何方。这种状况，不知道耽误了多少人。

"立志"要从勤学开始，勤学不仅仅是努力学习，其本质是让我们学会分辨是非。也就是说我们只有立志于圣学，能明辨大是大非，我们的努力才有正确的方向。不然，即使我们付出了努力，也可能一无所获。我们要随时询问自己：是否有进步？志向是否正确？因为人有了坚定的信念才是不容易被战胜的，才有可能创造人生的辉煌！

自爱滋养自信

自爱是对自己的行为、举止有一定的规范与准则，也是一种修养。自信则是对自己的能力、潜力，由心底产生的信心。自信支撑自爱，自爱滋养自信。

孩子们，成长中的我们，一直处在爱的包围中，我们懂得爱、发现爱、体验爱、享受爱，暖意融融、爱意满满。父母之爱是一片汪洋，供我们畅游一生；父母之爱是一座矿藏，供我们开采一生。父亲是山，有山一样包容的胸怀；母亲是天，有天一样包容的爱……享受亲人之爱，能促进自己快速成长。同窗学友之间的友谊像长年盛开的鲜花，像四季常青的树木，像异常纯净的色彩，像悠悠动听的神韵，像激情火热的夏阳……享受同学之爱，也能推动自己快速成长。师爱像火一般的情感温暖着每一个同学的心房，老师不是歌唱家，却让知识的清泉叮咚作响，唱出迷人的旋律；老师不是雕塑家，却塑造着一批批青年人的灵魂；老师不是演员，却吸引着我们求知若渴的目光。老师的无私奉献、包容大爱，滋润着我们的心田……享受老师之爱，也会激励自己快速成长。

作为新时代的中学生，我们一直在默默享受着爱，我们也有责任付出爱、感恩爱、回报爱，特别要把接收到的温情之爱转化为自爱的品性，拥有自爱的习惯与能力。一个人自爱，人才爱之。自爱不是孤芳自赏，是指一个人对自己言行的管束，对自己名誉的珍视，从而保证自己名节的尊严。这样的人，大家会认为他是一个正直和值得交往与信任的人。这样的品质，这样的声誉，对他个人的成功是很有帮助的。自爱让一个人切切实实地关注自己的身心，从生活的每一个细节落脚，爱学习、爱思考、爱生活、爱创造，形成良好的学习与生活习惯，渐渐把自己打造成一个自信而充满魅力的人。

自信是自爱的基础，自爱又孕育着自信。孩子们！让我们一起在自信中奋斗，在自爱中超越，努力做一个自尊、自信、自立、自强的新时代青年。

奋斗提振信心

黑格尔曾说过："谁中途动摇信心，谁就是意志薄弱者；谁下定决心后，缺少灵活性，谁就是傻瓜。"信心促进奋斗，奋斗提振信心。在奋斗中坚定意志，在奋斗中探究规律，在奋斗中走向光明！

三只青蛙的遭遇，就说明了奋斗的重要性。三只青蛙在觅食的过程中，不小心掉进了路边的一只牛奶罐里，罐里只有为数不多的牛奶，但是足以让青蛙们体验到什么是灭顶之灾了。一只青蛙想："完了！完了！这么高的牛奶罐，我是永远也出不去了。"于是它很快就沉了下去。另两只青蛙鼓足勇气，一次又一次地奋起、跳跃，可始终没有跳出去。第二只青蛙想："我的力气快用完了，什么时候才能跳出去？"它也渐渐地沉了下去。可第三只青蛙却并没有沮丧、放弃，而是不断告诉自己："上天给了我坚强的意志和发达的肌肉，我一定能够跳出去。"不知过了多久，它突然发现黏稠的牛奶变得坚实起来。原来，它的反复踩跳已经把牛奶踩成了一块奶酪，于是它从牛奶罐里轻盈地跳了出来，重新回到了绿色的池塘里，而那两只沉没在罐底的青蛙，至死都没有想到还会有机会逃离险境。故事虽短，但意义深远，诠释了坚定信心、坚持挑战、坚毅顽强的人，一定能战胜困难，获得新生！

坚强升华自信

　　坚强与自信的结合，能演绎出生命的精彩。马尔顿说："坚决的信心，能使平凡的人们，做出惊人的事业。"坚强是奋斗的姿态，是激情的彰显，是自信的勃发。自信带来坚强，坚强升华自信。

　　小孩儿是经过跌倒再跌倒，才逐渐长大的。如果生活只有晴空而没有阴霾，只有幸福而没有悲哀，只有欢乐而没有痛苦，那么，这样的生活根本就不是生活，至少不是人的生活。也就是说，挫折是人生必须经历的一部分。人就是在历练春夏秋冬、尝试酸甜苦辣、体验坎坷攀登的过程中，变得坚强勇敢、强大自信的。

　　对于一个有志者来说，挫折的发生，会唤起人的自信心，激发人的进取心。美国著名成功学家奥里森·马登说过："在当今世界上，很多人都把他们所取得的成就归功于障碍与缺陷。如果没有障碍与缺陷的刺激，他们可能只会发掘出25%的才能，但一遇到痛苦的刺激，其他75%的才能就会被开发出来。"因此如果你拒绝了失败，实际上你也就拒绝了成功。如果你是一个害怕失败的人，如果你想具有不怕失败的态度，不妨记住牛顿的话："如果你问一个善于溜冰的人如何获得成功时，他会告诉你：'跌倒了，爬起来'便会成功。"

歌德说："流水在碰到抵触的地方，才把它的活力解放。"所以人生经一番挫折，长一番见识，战胜挫折，升华自信。

成功源于自信

处于中学时代的我们，谈论成功的话题还为时尚早，人生的成功绝不可一蹴而就，往往需要一生的奋进、一生的坚守、一生的创造、一生的积淀。但站在今天的我们，可以想想自己 70 岁的时候想要成为什么样的人并给自己 70 岁的人生描绘出一幅画卷，就会知道今天的我们努力和行动的方向。纵观人类的历史，任何一个有成就的人，都是建立在自信基础上的坚毅坚持者、创新超越者、终身奋斗者。

孩子们！在我们完成一项稍有难度的任务时，一些同学积极主动、勇往直前，遇到困难时也会想办法解决，不畏惧、不退缩；而另一些同学常常在事情还没有开始的时候，就提出一大堆担心的问题，夸大其难度，或者还没有进行实践，就觉得自己不行而放弃努力。这是为什么呢？难道同学之间存在很大的智商差别吗？实际上，这些都取决于自信心的强弱。所以，有自信的同学，在做任何事情的时候都胸有成竹，而缺乏自信的同学在遇到问题的时候，往往会慌乱不安，不知道该如何去做。一个人的自信心，并非天生就有，是后天的培养和训练所养成的，是在奋斗与挑战中凝聚的。

知名成功学家拿破仑·希尔提出过一个自信秘诀：

第一，我知道，我有能力实现人生中的明确目标，我要求自己坚持到底，继续前行。

第二，我知道，心中的主宰意念会逐渐转化为实实在在的事实。因此，我每天要花 10 分钟想象自己理想中未来的样子，从而在心中形成一幅清晰的图像。

第三，我知道，通过"自我暗示"原则，我心中的目标，终究能实现。因此，我每天花 5 分钟，要求自己培养自信心。

第四，我已清楚地写下一生中确定的主要目标，我一定要不断努力，直到培养出实现目标所需的足够自信。

第五，我完全明白，成功只有建立在真理与正义的基础上，才会持久。因此，我绝不能做有损他人利益的事。

孩子们！我们要努力培育、提振自信心，但不能自满、自傲；树立自爱、自尊心，但不能藐视、轻率；养成自主性、自立性，但不能孤立、排他。

学习是学生时代的主要任务，学习又是一个深而广的概念。许多孩子因为学科考试成绩的暂时落后而悲观失望，但你要知道的是，考试成绩其实并不能反映你的独特和特别。考试不能知道你有哪些特长发展，考试不能知道你在家如何孝敬亲人；考试不能知道你如何为班级同学精心服务；考试不知道你经常参加社会义务劳动；考试不知道你如何关注他人、关注社会；考试不知道你在怎样追求人生梦想等。考试仅仅是一次书面测试，而且还可能会有失常发挥、正常发挥、超常发挥三种情景。做任何事，如果你未战先言败，那么你已经失败了；如果你事前总是患得患失，左右徘徊，那么你肯定踌躇不前，永远迈不开前进的那一步。相反，如果你是一个非常自信的人，认为自己是最棒的并能持续奋斗，有一天，你便是出类拔萃的。

孩子们！请相信自己吧，只要勇敢向前，永不停顿地前行，胜利总会垂青于你！

注意力、意志力的科学培养

注意力是智力的五个基本因素之一，是记忆力、观察力、想象力、思维力的准备状态，所以注意力被人们称为心灵的门户。集中注意力，人们才能去清晰地感知一定的事物，深入地思考一定的问题，而不被其他事物所干扰。

意志力是指一个人自觉地确定目的，并根据目的来支配、调节自己的行动，克服各种困难，从而实现目的的品质，是人格中的重要组成因素，对人的一生有重大影响，人们要获得成功必须要有意志力做保证。专注、热爱、全心贯注于你所期望的事物上，必有收获。有了坚定的意志，就等于给人插上了一对翅膀。

注意力是意志力的前提，意志力是注意力坚持的结果。在学习过程中，只有高度重视注意力和意志力的培养，才能在学习的道路上不畏困难、勇敢前行、超越自我！

培养注意力

注意力是人的心理活动指向和集中于某种事物的能力。19世纪俄罗斯教育家乌申斯基曾精辟地指出："有了注意是唯一的窗户，外在世界的印象才能在心里引起感觉来。如果印象不把我们的注意集中在它身上，那么，虽然它也可以影响我们的肌体，但我们是不会意识到这些影响的。"注意力越集中，则感觉越明确、越清楚，因而它的痕迹也就越牢固地保存在我们的记忆中。

人在注意某一事物时，大脑皮层就会在相应部位上产生一个优势兴奋中心，所有的神经细胞都要为它"服务"。这种"全力以赴"的结果，使留下的痕迹明显；相反，如果大脑皮层同时有两个以上的兴奋中心，就必然会出现注意力分散的现象，这时对事物的记忆就会受到干扰，从而破坏大脑的记忆规律，导致记忆效果不好。人的思想是了不起的，只要专注于某一项事业，那就一定会做出使自己吃惊的成绩来，因此，我们要努力培养自己的注意力。那么，如何来培养自身的注意力呢？

◆明确学习目标

军事上兵力分散，容易被敌人各个击破，实为大忌。同理，学习中若精力分散，漫无目标，最后只会落得一事无成。因此，要想取得良好的学习效果，必须在学习中集中注意力。

为了能够较长时间地保持注意力，首先必须明确某一学习活动的总目标，以及达到这一目标所需的每个步骤的具体任务。一个人对学习的意义认识得越清楚，完成任务的愿望越强烈、意志越坚定，他的注意力就能越集中、越稳定。学习时有明确而具体的学习目标，并能严格要求自己逐一实施，注意力就不容易分散。即使一时分散了，也容易把心收回来。

◆培养学习兴趣

著名教育家苏霍姆林斯基在《给教师的一百条建议》中写道："教学和教

育的技巧和艺术就在于，要使每一个学生的力量和可能性发挥出来，使他享受到脑力劳动中的成功的乐趣。"教师要把培养学生的学习兴趣和学生慢慢体验兴趣转化成学习的原动力，要把教孩子学会学习和学生探究学法转化为学习的利剑，助力万千学子在兴趣与奋斗中乘梦起航。

强烈的兴趣能使注意力高度集中。同学们不难发现，如果遇到感兴趣的事物，我们在观察、探究它们时，比较容易集中注意力。反之，对那些缺乏兴趣、不易理解的事物，我们在学习探究时，注意力就很难集中，特别是在学那些越学越吃力的功课时，经常心生厌烦，注意力无法集中。因此，要培养注意力，就必须克服学习中的厌烦心理，明确学习目标，用坚强的意志来指导自己去学习，逐步培养对学习的兴趣，从而提高学习中的注意力。

◆◆善于排除干扰

注意力不能集中，往往是因为受到外在环境和内在情绪等因素的干扰，因此要培养注意力就必须要排除环境的干扰，排除自己内心的干扰。我们平常在学习之前，可以先清除书桌上全部与学习无关的东西，让自己能全身心投入学习，不受外界环境的干扰。

其实，内心的干扰比环境的干扰更严重。所谓内心的干扰，是指内心有一种与学习不相关的兴奋，可能是情绪活动，也可能是思想和信息。学习时，我们要像收拾桌子一样，把这些无关的干扰清除，只留下相关的学习内容。当你注意力集中于学习时，你的观察、记忆、逻辑推理和想象能力就能充分发挥。呼吸放松法和冥想放松法可以有效地排除干扰，让注意力集中起来。

◆节奏分明地处理学习与休息的关系

明代学者胡居仁有云："若有恒，何必三更眠五更起；最无益，莫过一日曝十日寒。"休息是前提，休息好才能有充沛精力去学习，学习效果才会好。其二要善于利用闲暇时间进行学习，要懂得管理自己的琐碎的空闲时间，这样会拥有更多的学习时间，才能学到更多知识。其三要讲学习方法，寻找适合自己的有效方法，集中精力、提升效能去学习，直到学习累了再休息。因为学习累了，学习效率也就不高了，这时候休息的效果也会是最好的。

张弛有道，要善于迅速集中注意力，高效率地学习。不要熬时间，永远不要折磨自己。要训练自己"静如处子，动若脱兔"，即休息的时候，像一块岩石；学习的时候，像闪电雷霆；休息的时候，像一潭静水；学习的时候，却像实施军事进攻一样集中优势兵力，迅速出击。这样的训练才能使自己越来越具备注意力集中的能力。

◆利用课堂学习锻炼自己的注意力

课堂学习是学习的基本方式，占学习时间的比重较多，如果能积极参与课堂学习，不仅能有效掌握课堂知识，还能培养注意力。如有意追踪课堂内容和老师的思维活动。在课堂上，一定要锻炼自己一边听讲，一边跟随老师的讲解思路进行思考的能力。快速地追踪老师的讲解思路会使大脑处于兴奋状态，使注意力高度集中在课堂里，集中在老师所讲解的内容上，集中在思考问题与解决问题的过程中。

课堂还要善于分配注意力。课堂上不仅要听、看、想、做，而且还要做笔记，因此合理地分配注意力，而不至于顾此失彼，也是很重要的。当听到重点内容或有价值的补充材料时，要简要地记下，以帮助课后复习和理解。

如此分配注意于听、想、记上，不仅能大大提高学习的效果，还可以培养良好的注意力的转移和合理分配能力。

◆在阅读中培养自己的注意力

阅读过程中集中注意力是理解和记忆的前提条件，注意力是集中还是涣散直接影响阅读的效果。阅读教材及有关参考资料或精读其他书籍时，要想获得好的学习效果，就必须集中注意力。因此，我们可以把读书与训练注意力结合起来，在阅读的过程中培养自己的注意力，集中精神，深入思考书里所讲内容的深刻含义。

梁启超是我国近代一位大学问家。他曾经告诫他的学生，如果想要学会读书，就要读书读到能将书平面的字句浮凸出来为止。书平面的字句怎么会浮凸出来呢？他的一个学生听了很纳闷。许多年过去了，这位学生在读了许多书之后，终于做到能使平面的字句浮凸出来了。这里的"字句浮凸出来"指的是在读书过程中要对阅读材料选择性地给予不同程度的注意，那些不重要的字句浏览一下就放过去了，而对那些重要的关键的字句，则要给予充分的重视，甚至在读某一篇文章时，能一下子注意到那些最重要、最关键的字句，好像这些字句是有别于其他字句浮凸在书上似的。在阅读中培养自己的注意力，在注意力的坚持中培育自己的意志力。

培养意志力

意志是指人自觉地确定目的，并根据所确定的目的调节支配自身的行动，克服困难，去实现预定目标的心理过程。意志是人的意识能动性的集中体现，是人类特有的心理现象。意志在人主动变革现实的行动中表现出来，对心理状态和外在行为有发动、制止和改变的控制调节作用。

意志力是指人们为达到既定目的而自觉努力的程度或坚强的意志品质，是一个人在生活中形成的比较稳定的意志特征，是个性的重要组成部分。人的意志力不是与生俱来的，而是在社会实践活动中逐渐培养锻炼出来的。意志力是在实现目标的艰辛路途上不可或缺的品质，所包含的具体内容有努力、决心和毅力，心理学家称这些品质为"坚毅"。研究发现，坚韧不拔的人更容易在学业、工作及其他方面充满激情、忘我投入，克服前进道路上的绊脚石，最终获得成功。要想实现目标，最重要的是在举步维艰的时候决不气馁，凭着顽强的意志力抵挡住各种诱惑，顽强拼搏。那如何培养自身的意志力呢？

◆培养良好习惯

鲁迅说："世上本没有路，走的人多了，也便成了路。"好习惯和坏习惯是由反复出现的行为形成的。在你的生活中，当某个行为频繁发生时，它可能会成为你的生活习惯，如果再遇到类似的情况，大脑神经就会命令你做相应的行为。习惯形成的一个重要特征是重复性，为了养成好习惯，好行为必须重复多次；为了打破坏习惯，阻碍坏习惯的行为也必须重复多次。我们要做习惯的主人，不要成为习惯的仆人。拿出你的意志、勇气和信心，好习惯最终会属于你。

养成好习惯的最好做法就是在挑战和诱惑面前坚定不移，把积极的做法努力固化成习惯。每天早上刷牙，需要毅力吗？那是每天例行的事情，也就是说，当你的意志形成习惯后，面对困难和挑战时也就用不着考验毅力了。

❖控制自己的思想

著名企业家和成功研究专家吉姆·兰德尔曾说过："意志力与思想控制有直接的联系。一旦你意识到你能够让积极的思想排挤掉消极的思想，你就朝着自律一生前进了一大步。"控制，从本质上来说即是自律，自我控制，是一种有效的意志力培养。

究竟如何控制自己的思想，提升自身的控制力呢？

第一，找朋友监督你的日常行为。如果自制力较差，有时候会说一套做一套，那就找个朋友做自己的榜样，同时监督自己，慢慢改正。

第二，有明确的目标，并朝着目标努力。自制力越差的人，思想上就会越茫然，不知道自己该做什么，当有了明确的想法时，才会懂得不断地学习，才能更快地克服自身弱点。

第三，要高标准严格要求自己，要有上进心，并懂得与他人做比较，坚决不掉队，努力走向优秀。

第四，对自己感兴趣的事情，一定要坚持钻研。自制力差的人一般不善于坚持，对待事情有始无终，因此只有找到自己最感兴趣的事物，才能更快培养自己的专注力从而获得成功。在成功中体验幸福快乐，并总结成功的规律，形成良性循环。

第五，要懂得控制不良情绪。自制力差的朋友，往往容易发脾气，遇到一些小事情就难以控制自己的情绪。因此，应该注意学会调节情绪，多参加集体活动，多与人交流，处理好人际关系，也可以多看一些努力奋斗的故事，从故事中获得成长。

◆勇往直前

生活的道路一旦选定，就要勇敢地走到底，决不回头。美国罗得岛大学教授詹姆斯·普罗斯把实现某种转变分为四步：抵制——不愿意转变；考虑——权衡转变的得失；行动——培养意志力来实现转变；坚持——用意志力来保持转变。

哲人有言："决心就是力量，信心就是成功。"同学们！要担当起新时代青年人的使命，要努力提振自己的精气神，展示新时代奋斗者的决心和迎接新挑战的信心。让我们筑牢乘势而上的坚定决心，激发攻坚克难的必胜信心，用勤勉实干换得春华秋实，谱写新时代优秀青年的辉煌诗篇。

◆分解目标

目标设定后，紧接着的是如何实现，实现目标的过程是一个漫长而曲折的过程，更需要强大的意志力。由此，必须学会将大目标分解成一个个小目标，以逐步推动大目标的实现。

有一位名不见经传的日本运动员参加国际马拉松比赛，在比赛的前一天，他开着一辆车沿着赛道计程，将40多公里的距离分解成数个目标点，并记下目标点的标志。比赛时他就以百米的速度奋力向第一个目标冲去，等到达第一个目标后，他又以同样的速度向第二个目标冲去。40多公里的赛程，就被他分解成多个小目标轻松地跑完了，那次比赛他取得了令人难以置信的成绩，出人意料地获得了金牌。其实起初他并不懂得这样的道理，他把目标定在40多公里外终点线的旗帜上，结果他跑到十几公里时就疲惫不堪，被前面那段遥远的路程给吓倒了！

在现实生活中，我们做事之所以会半途而废，是因为面对大目标觉得成功离我们很遥远，由于畏难情绪而失败。

◆磨炼意志

目标的实现注重的是收获，而只重视收获易走入误区，正确的做法是通过改变自己的形象和把握自己生活的愿望来促进事情发展过程中的坚持。所谓的"心灵鸡汤"或许能短暂地鼓励自己，但自身的逐渐改变才是意志培养的动力。大量的事实证明，好像自己有顽强意志一样地去行动，强化自身坚定的潜意识，磨炼意志，有助于使自己成为一个具有顽强意志的人。

磨炼意志需要不断地有意练习。1915 年，心理学家博伊德·巴雷特提出了一套锻炼意志的方法。其中包括从椅子上起身和坐下 30 次，把一盒火柴全部倒出再一根一根地装回盒子里这些看似简单的行为。他认为，这些简单的重复练习可以增强意志力，以便日后去面对更严重、更困难的挑战。同学们！要努力探究培育自我意志力的方法，磨炼出坚强的意志，你就能勇敢面对人生中的困难与挫折，迎难而上，战胜挫折！

◆坚持到底

俗话说"有志者事竟成"，其中含有与困难做斗争并且将其克服的意思。坚强的意志不是一蹴而就的，而是在逐渐积累中形成的，我们还会不可避免地遇到挫折和失败，必须找出使自己斗志涣散的原因，才能有针对性地解决问题。

实践证明，每一次成功都将会使意志力进一步增强。如果你用顽强的意志克服了一种不良习惯，那么就能形成另一次挑战决斗并且获胜的信心。每一次成功都能使自信心增加一分，给你攀登悬崖的艰苦征途提供一个坚实的

"立足点"。有了坚定的意志，就等于在背上插了一对翅膀。或许面对的新任务更加艰难，但既然以前能成功，这一次以及今后你也一定会坚持到底走向胜利。

在成长的路上，每个人都在跟自己的软弱进行斗争，正是这种长期斗争，让你具有随时集中注意力的能力，让你的意志力变得强大，让人体会到自我进化、自我改良、自我超越的力量源泉——更好的你，是你自己塑造的。如果我们有个终生的敌人，那就一直和它作战，它确实有时在折磨我们，但它也时时在提醒我们不能放弃，我们的注意力、我们的意志力，需要这样一个对手陪练，在这个过程中，你从偶尔战胜它，到彻底战胜它，就完成了注意力、意志力的升华。

有人的对手是拖延，有人的对手是邋遢，有人的对手是暴躁，有人的对手是脆弱，有人的对手是自私，有人的对手是武断，有人的对手是绝望……而很多人的对手，是注意力、意志力的缺失，那么，下决心战胜它吧，这是你独特的挑战，也是你走向美好未来的金钥匙。

提高学习质量的基本要素

要提高学习质量，必须运用有效的学习策略。学习策略是学习者为达到一定的学习目标，对影响学习成效的内外因素，加以综合分析研究，采取的有效调控自己的学习方案、学习步骤和学习技能。学习不能盲目地学，而应该根据当时的条件精心策划，努力提高自身的学习质量。笔者通过三十五年的研究及大量观察与实验，发现影响学习成败的关键因素主要体现在学习目标、学习状态、学习动机、学习潜能、学习心态、学习总结、自我调节等七个方面，理清思路、严谨思考、探究规律、学会学习，才能有效提高学习质量。

学习目标

有目标，才知道要去哪儿，才有前进的方向。有多少人一生稀里糊涂，不知道自己到底要干什么，终生无所作为，未能实现生命的价值。要提高学习质量，首先你必须确立具体的、有挑战性的和能促进发展的目标。

一个人的学习若没有目标，其行动就是盲目的、没有结果的，如同船在大海里面航行，若没有目标，船永远也到不了彼岸。但为什么有很多同学虽确定了自己的目标，却执行不下去呢？实际上，学习目标从科学的概念来说有很多具体的要求，这些要求做得不够的话，有了目标也是没用的。简而言之，学习目标必须具备一定的条件才会发挥作用。

第一个条件，具体。比如，我们从小经常被问长大后要干什么，如果我们说要当科学家，父母会很高兴，但这就解决问题了吗？事实上解决不了问题，因为目标不具体。所以，你要定一个具体的目标。而且目标不能是模糊的，它必须操作性很强。举个例子，比如说，"请你去学习"这就比较模糊，怎么才能具体呢？"请你用20分钟完成这个作业，不要出错"，这种指令的操作性就很强，这是第一个特征。第二个特征是大目标中应该有子目标。比如，想当一个科学家，要出国留学或者考大学、考研究生，这些目标可说是大目标，如果这些大目标只是说一说，是不起作用的，因为它很模糊，我们不知道该怎么做。这样的情况怎么办呢？实际上，大目标应该分解成不同层次的子目标，这样通过一步步实现各个子目标，最终才能实现大目标。第三个特征是，要明确各个子目标完成的时间。父母一般喜欢对孩子说，你长大当科学家吧，你未来当公务员吧，这样的目标都很模糊，其实是不起作用的。

第二个条件，有挑战性。即学习目标要有一定的难度，必须通过努力拼搏才能实现。目标过难过易都不合适，过难会完不成，使我们丧失信心；过易则缺乏挑战性，很难起促进成长的作用。

第三个条件，目标定向。学习目标主要有两类定向，一类学生学习目标的定向是为了发展自己、提高自己的能力，尽快多掌握一些知识技能，提升思维的灵性，为适应未来的社会打下更好的基础。这样的学生不怕困难，喜欢有挑战性的问题，其目的就是想提高自己、不断超越自己。另一类学生目标定向是为了表现自己，满足自己的虚荣心。这类学生往往成绩好，父母高兴，老师会表扬，其目的是实现自我心理满足。这种取向不太注重智力的发展、思维的开发，其学习目标并不是为了提高自己、发展自己，因此这样的价值取向、目标取向是有局限性的。为了掌握知识技能，促进自己的成长发展而努力学习，才是优秀学生的共同特点。

那么，我们该如何制定学习目标呢？科学家做过这样一个经典的实验，其名称是"用自我监控的学习方式考察不同类型目标的激励作用"。目标类型分为四种，实验的目的是弄清哪种类型起作用，哪种类型不起作用。测试对象为高中学生，分为四组：一组是自我监控子目标，在完成任务的过程中，学生会一直关注自己的子目标完成得怎么样；第二组是让学生看着自己的学习时间，关注自己学习用了多长时间；第三组是让学生关注自己的总目标，例如要考上大学；第四组是让学生什么也不想，原来怎么学，现在还怎么学。最终这四个组的实验结果表明，第一组的学习成绩优于其他三组。这个经典实验说明，具体的子目标的实现更有助于大目标的实现。

同学们，对于学习而言，我们需要制订每一个学期的学习规划，每一个月的学习目标，每一个星期的学习安排，每一天的学习流程，学习的规划才能有效落实，最终达成目标。

学习状态

通常我们认为宁静、忘我、轻松、专注、充满激情的学习状态属于最佳学习状态，处于这样的状态时往往有较好的学习效果，能促进我们在学习中取得进步与发展。良好的学习氛围，特别是在自主学习的时候，需要确保环境安静有序，从而使自己能够在宁静的氛围中独自思考研究，进入快乐学习的状态，从而达到一种忘我的境界。

宁静、忘我、轻松、专注、充满激情的状态下，看书效果特别好，解决问题效果和学习效果也最好。有人用了十多年的时间观察，研究了两百多名艺术家，发现那些真正有成就、陶醉于艺术的艺术家是完全沉浸在艺术世界中的。学生也是这样，成绩优秀的学生约 40％ 的时间在专注忘我地学习，而成绩落后的学生则只有约 16％ 的时间在专注忘我地学习。

教育中还存在一些教育观念落后、教育方法陈旧、教育智慧缺失、加班加点过多、玩疲劳战术的情况，甚至还有体罚或变相体罚学生的情景，造成同学过分紧张焦虑，压力过大。这些都不是发挥大脑功能最有效的办法，甚至还会阻碍大脑功能的发挥，也将阻碍最佳状态的出现。如果出现这样的情况，同学们要主动和老师沟通交流，在尊重老师的前提下，积极提出合理的建议，通过师生共同努力，营造出一种彼此欣赏、相互激励、民主协商、轻松愉悦、蓬勃向上的学习氛围。在这样的学习氛围中，同学们的学习效能将获得提升。

在青春活泼的中学时代，我们的主要任务是学习。在学习时我们一定要集中注意力，只有专注忘我、激情愉悦地学习，只有心灵宁静、沉浸于学习之中，大胆思考与探索，才能有效挖掘潜能，有效提高学习的质量。

学习动机

学习动机是直接推动学生进行学习的一种内部动力，能激励和指引学生进行学习。学生的学习受多方面因素的影响，其中主要是受学习动机的支配，但也与学生的学习兴趣、学习的需要、个人的价值观、学生的态度、学生的志向水平以及外来的鼓励紧密相连。

什么样的动机有利于学习成绩的提高呢？

第一，树立以学习为乐的理念。人类总是不断追求快乐，避免痛苦，这是一种本能。快乐学习往往使认知与情感融为一体，学习效果也好，并能使人感到愉快，所以以学习为乐是将认知与情感融为一体的学习动机。我们要树立一个理念，学习效果好的时候，也就是我们愉快学习的时候；若你感到不愉快，学习效果也不会好，这也符合人类心理活动的规律。

第二，激发学习兴趣。学习兴趣表现在一个人很愿意探索事物、探索知识，同时又伴随着非常愉快的过程。当一个人产生学习兴趣的时候，他会学得津津有味，也将为此自主投入身心精力，去钻研和探究他感兴趣的事物，所以教师在教学活动中尤其要重视培养学生的学习兴趣。

我们所看到的天才往往是对某一领域有强烈兴趣甚至完全入迷的人。对任何事情都不着迷，都不感兴趣，这是庸人的特征，真正的人才一定对其事业和相关领域有着强烈的兴趣。

第三，成就动机。学习动机是引导学习、维持良好学习状态的内部心理状态，也可以说是精神力量，它是决定学习成败最为关键的因素。只要有强烈的学习愿望，有动力，方向明确，无论是否聪明，都会因为有巨大的内部力量而取得卓越的成绩。而动机较弱的人，往往会一事无成，这也是优秀学生和学困生的重要区别。动机分为两类：一类是外在动机，一类是内在动机。外在动机即外在激励引起的动机，比如表扬、鼓励、分数、名次、物质、金钱的奖励等；内在动机是内部心理因素引起的，更多指的是学习活动本身或学习内容引起的兴趣。大量的研究指出，强烈的内在动机更容易让人享受学习的乐趣。把学习看作一种享受，能让人产生强大的精神力量，让人坚持不懈地学习。这种内在动机是成就大事业或取得大成就的内在的力量源泉。

当然这样也容易出现一个问题，比如，一个学生取得优异成绩应该被表扬，表扬的方式有很多种，包括以物质奖励的方式，有的家长说："你若考好了，我给你买礼物。"这样做究竟对不对？其实这种做法属于过分肯定。过分肯定理论认为，过分使用外部激励，如买礼物给孩子作为物质激励，会损害其内在动机的形成，渐渐导致孩子内心丧失学习的欲望。这是值得我们重视的，因此如何使用激励的手段，需要认真推敲。当然，我们也不必谈"外在激励"色变，适当的外在激励是可以的。事实上，表扬、鼓励大有技巧可讲。

但不论何种形式的激励，最终目的都是激发学生良好的学习动机。

学习潜能

　　所谓的学习潜能分为很多方面，积极的自我形象是学习成功的内在核心潜能，对学生的心理发展至关重要。自我形象是指个体对自我的总体认知和评价，包括潜力、认知能力、情感特征和行为等，同时还包含自尊、自信、自立、自强的精神面貌和积极进取的价值观。自尊是指人们面对挑战时的自信和坚信自己拥有幸福生活权利的意志。自尊感强烈的人，对自己的生活和学习较有信心，也经得起失败；自尊感弱的人，相对来说也较畏难，在困难面前易闻声先倒。如果一个人有积极的自我形象，也会对自己在学习、生活方面的能力感到自信，这种自信如能得到充分激发，便能对学习的进步起到很大的助推作用。

　　有一位普通高中二年级的学生，学习成绩在班上处于中等水平，其学习目标不明确，学习状态欠佳，缺乏自信，学习策略技巧也用得不好，所以学习效果不好。在家长、老师的配合指导下，他开始运用形象控制法调整自我。一是使自己的心情平静下来，轻松下来，使自己以一种轻松的状态面对学习，并且通过训练增强自信心；二是设定明确的学习目标，并适当调整学习方法及策略。通过一系列训练以后，这个同学学习成绩取得大幅度提高，后来成为班级学习的领跑者，最终考上了北京大学。类似的成功例子有很多，这说明积极的心理状态和学习策略相结合，不仅能大幅度提高学习能力和成绩，而且还能促进心理健康发展，激发潜能。

　　每一个孩子都是独特的鲜活的生命个体，其潜能都是巨大的。每个人的学习方式就像指纹一样独一无二，越是很好地认识到这一点，就越能成功地学习各种知识。以生命激情学习、以科学方法学习，努力激活自身的学习潜能，勇于挖掘自身的潜力，你一定会在学习的道路上越走越美好！

学习心态

中国科学院心理研究所研究员、博士生导师王极盛连续五年对全国300多名各省高考"状元"进行面对面的访谈及研究，最终得出的结论是，各省高考"状元"智商并不突出，但心理素质过硬。王极盛认为，现在高考考察主要有四个方面：思想道德素质、身体素质、科学文化素质和心理素质。思想道德素质和身体素质学校已经把过关了，高考考的就是科学文化素质和心理素质，其中心理素质不是通过考题考察，而是通过高考这样特定的情景来考察。高考就是考实力，考心态，二者同样重要。那么如何来调整自己的心态呢？

首先，超越自己。这个世界上最难战胜和超越的不是别人，正是自己。想超越自己，首先要知道自己的长处和弱点。如果不知道自己的长处，你会缺乏足够的自信；如果不知道自己的弱点，你不可能超越自己。例如，如果你的记忆力不够强，那你就要刻意地学会记忆的科学方式；不让青春期的痛苦影响你的记忆，把你的痛苦及时写出来；把你要记的大声说出来；记忆前进行积极的心理暗示，暗示有好的记忆力；记忆时，用身体语言对记忆内容进行强化等。多记忆一些公式，多花时间背诵课文，复习生字时要学会分析字形结构……如果你做题目不够细心，常犯粗心类的错误，那你就要学会分析做过的错题，以免今后再犯同样的错误。当你发现自己在一点儿一点儿地改变时，你就在慢慢超越自己了，只有不断超越自己，才可能超越别人。

其次，体验战胜困难的快乐。每个人在成长的过程中肯定会遇到各种问题，如困难和失败、批评和指责等。这时我们要学会辩证地看问题，我们要善于调节自己，化被动为主动，化不利为有利。如果看不到这些问题积极的一面，不懂得调整自己的心态，一味郁闷苦恼，最终会使自己陷入深渊。要有迎难而上的勇气，要有敢于挑战的毅力，当你慢慢把问题踩在了脚下，逐渐踏出一条光明之路时，你会体验到战胜困难后的欢愉，感受到学习带来的进步与快乐，从而提振学习的自信心，又会以更大的勇气去战胜前进道路上的困难，步入良性循环的轨道，脚下的路一定会越走越宽广。

美国的拿破仑·希尔说过这样一段话："人与人之间只有很小的差异，但是这种很小的差异却造成了巨大的差异！很小的差异就是所具备的心态是积极的还是消极的，巨大的差异就是成功和失败。"我们都知道，运动员如果具有稳定的心态，就会在赛场上取得好成绩。同样，学生如果具有良好的心态，就会在考场上取得好成绩。所以说一个人的心态如何，将影响着他的整个人生。调整好你的心态，你就会发现学习活动是充满乐趣的。让我们荡起勤奋和兴趣的双桨，驾快乐之舟在学海中破浪前行！

学习总结

自古以来，总结归纳的方法便被广泛使用。《论语》中提到的"吾日三省吾身"就是一种反省总结，"温故而知新"则是一种系统总结。这种学习方法在各个科目的学习中都很重要，在理科的学习中尤为重要。定期对学过的各学科知识进行系统的归纳总结，可以使知识更加系统化、结构化，使我们的思维更清晰，条理更分明，而这正是提升核心素养、发展关键能力所强调的。

归纳总结要时常化。"磨刀不误砍柴工"，好的总结归纳不仅不会浪费学习时间，相反地，还会提高学习质量，巩固学习成果，进而提高学习效率，节约学习时间。因为，时常进行归纳，定期对学过的学科知识作系统的总结，可以得出普遍的学习规律或学习经验，可以对学习过程中遇到的问题或解题方法进行反思。这样，就可以巩固阶段内的学习内容，检验学习成果，从而使我们更扎实地掌握知识。在内容上，一个知识点要归纳总结，几个同类问题要归纳总结，每一知识板块要进行归纳总结，每节课要归纳总结，每一章要归纳总结，每册书也要归纳总结；在时间上，每一堂课要归纳总结，每周要归纳总结，每个月要归纳总结，期中、期末更是要归纳总结；在总结内容上，学习内容要归纳总结，学习态度要归纳总结，学习方法也要归纳总结。总之，一定要重视归纳总结，做到时时归纳，处处总结。

归纳总结形式要多样。不仅要经常进行归纳总结，在归纳总结时还要注意总结形式的灵活多样。总结的方法不一而同，可以是用语言概括，也可以是列表、画图、做知识树、结构表，甚至可以自己推出新结论、总结新定理。

学习总结是对某一阶段学习任务完成情况进行检查、分析、评价后，形成的一种总结样式。学习总结要检查学习计划执行完成情况，例如学习目的、学习内容、学习时间、学习方法、学习效果等有没有按学习计划执行。学习总结还可用来交流学习经验，学生们在相互交流的过程中，互相学习、取长补短、增强自信，对今后的学习大有裨益，也会使学习事半功倍。

自我调节

自我调节不单是一个自我修正的过程，更是一个自我发现的过程，也是走向自我完善的桥梁。何谓学习的自我调节？在学习过程中，随时监督自己，评估自己，发现自己的不足并进行修正，这样的过程就是学习的自我调节过程。自我调节过程中，要充分协调发挥好智力因素和非智力因素。通过调节好心态、调节好身体状态、调节好学习方法、调节好人际关系等等，达到最佳的学习效果，进而从做学问到做事情再到做人方面，也不断地反馈自己，反思自己，逐步走向自我完善和自我价值的实现。

学习目标、学习状态、学习动机、学习潜能、学习心态、学习总结、自我调节是影响学习成败的七大关键要素，这些要素符合素质教育的基本要素，符合新课程改革标准的基本要素，符合新时代提升核心素养与发展关键能力的基本要素，这些要素如果培养好了，就能使我们形成科学的学习观念，有效提高学习质量，练就各种本领，为终身发展奠基，为实现中华民族伟大复兴贡献我们的力量！

典型学习方法的介绍

终身学习是新时代发展的必然要求，掌握科学的学习方法，学会学习，对每个人一生的发展具有重要的意义。学习既有普遍的规则，又具有个性特点。每个人都要努力探究适合自己的学习方法，促进自身更好地成长。

正确的学习方法应该遵循以下原则

◆循序渐进

循序渐进就是按照学科的知识体系和自身的智能条件，系统而有步骤地进行学习。它要求人们注重基础，从自我原点出发、按部就班，切忌好高骛远、急于求成。循序渐进一要打好基础，二要由易到难，三要量力而行。

◆熟读精思

熟读精思意为根据记忆和理解的辩证关系，把记忆与理解紧密结合起来，两者不可偏废。记忆与理解是相辅相成的。一方面，在记忆的基础上进行理解，理解才能透彻；另一方面，在理解的参与下进行记忆，记忆才会牢固。"熟读"要做到"三到"：心到、眼到、口到。"精思"要善于提出问题和解决问题，通过自我反思和小组交流去质疑、问难、求解。

◆自求自得

自求自得就是要充分发挥学习的主动性和积极性，尽可能挖掘内在的学习潜力，培养和提高自学能力，开展深度学习，探究规律，以求甚解。自求自得是指不为读书而读书，不停在表层上读书，而是把所学的知识消化吸收，能融会贯通、触类旁通、一通百通。

◆博约结合

博约结合就是要将广博和精研根据辩证关系结合起来。坚持博约结合，一是要广泛阅读，拓展知识面；二是精读，学有所专，突出重点。

◆知行统一

知行统一就是要根据认识与实践的辩证关系，把学习和实践结合起来，切忌学而不用。"知者行之始，行者知之成"，以"知"为指导的"行"才能行之有效，脱离"知"的"行"则是盲动。同样，以"行"验证的"知"才是真知灼见，脱离"行"的"知"则是空知。因此，知行统一一是要善于在实践中学习，边实践、边学习、边发现、边积累、边总结；二是躬行实践，即把学习得来的知识，用在实际工作中，及时练习、及时实验、及时诊断、及时解决实际问题。

典型学习方法介绍

◆课前自学

课前自学一般是指在老师讲课以前，自己先独立研读新课内容，做到初步理解新课，记录自学中存在的问题，这样带着问题听课，能提高听课的针对性，进而提升课堂学习的效果。从某种意义上说，课前自学是培养良好学习习惯、提升自学能力的最佳途径。课前自学要做到：

1. 研读教材，初步理解教材的基本内容和思路。

2. 研读时如发现与新课相联系的旧知识掌握得不好，则查阅和补习旧知识，给学习新知识打好牢固的基础。

3. 在研读新教材过程中，要高度注意自己难以掌握和理解的地方，以便在听课时特别引起注意。

4. 做好课前自学笔记。课前自学的结果要认真记在笔记上，自学笔记一般应记录教材的主要内容、自己没有弄懂需要在听课过程中着重解决的问题、所查阅的旧知识等。

◆课堂学习

课堂教学是教学过程中最基本的环节，不言而喻，上课也应是学生学好功课、掌握知识、发展能力的决定性环节。课堂不专注，课外加班加点，可谓"捡了芝麻，丢了西瓜"。课堂学习务必做到：

1. 做好课前准备。要做好课前物质的准备、知识的准备、思想的准备，课前还要抓紧时间简要回忆和复习上节课所学的内容以及浏览自主学习中遇到的主要问题。

2. 要带着强烈的求知欲上课，能在课上学到新知识，解决新问题。

3. 上课时要集中精力听讲，上课铃一响，应尽快进入积极的学习状态，有意识地排除分散注意力的各种因素。

4. 听课要紧紧抓住老师的思路，注意老师叙述问题的逻辑性，以及分析问题和解决问题的方法步骤。

5. 不懂的问题要先记下来，课后再去钻研或向老师请教。

6. 要努力当课堂的主人。调动多种器官全神贯注参与到课堂中来，认真思考老师提出的每一个问题，积极参与课堂讨论。

7. 要特别注意老师讲课的开头和结尾，养成记笔记的良好习惯。

◆课后作业

作业是学习过程中一个重要的环节。通过作业不仅可以及时巩固当天所学的知识，加深对知识的理解，更重要的是把学过的知识加以运用，以形成技能技巧，从而发展自己的智力，培养自己的能力。

1. 先看书后做作业，看书和做作业相结合。

2. 注意审题。要搞清题目中所给的条件，明确题干要求，应用所学的知识，找到解决问题的途径和方法。

3. 态度要认真，推理要严谨，养成"言必有据"的习惯。

4. 作业要独立完成。对于作业中出现的错误，要认真订正。

5. 作业要规范。切忌涂改过多，书写要工整，步骤简明有条理。

6. 定期将作业分门别类进行整理，复习时，可随时拿来参考。

◆及时复习

复习的主要任务是对知识的深入理解和掌握，在理解和掌握过程中提高运用知识的技能、技巧，提升对所学知识的理解力与应用力，以及在新情景下的迁移力，逐步走向融会贯通。复习及时，复习的效果才会更好。复习时要努力做到：

1. 当天的功课当天复习，并且要同时复习头一天学习和复习过的内容，使新旧知识联系起来。

2. 单元复习。在课程进行完一个单元以后，要把全单元的知识要点进行一次全面复习，重点领会各知识要点之间的联系，使知识系统化和结构化。

3. 期中复习。期中考试前，要把上半学期学过的内容进行系统复习。应着重弄清各单元知识之间的联系。

4. 期末复习。复习时力求达到"透彻理解、系统总结、牢固掌握、灵活运用"的效果。

5. 假期复习。每年的寒假和暑假，除完成各科作业外，要把以前所学过的内容进行全面复习，重点复习自己掌握得不太好的部分。

◆限时练习

限时练习又称自主考试，是学习过程中的重要环节。通过自主考试可以了解自己的学习状况，检验学习效果，以便总结经验教训，改进学习方法。自主考试要努力做到：

1. 正确对待考试。考得好，可以促进自己进一步努力学习；考得不好，也可以促使自己认真分析原因，找出存在的问题。

2. 做好考试前的准备工作。对各科功课进行系统认真的复习，这是考出好成绩的基础。

3.答卷时应注意认真审题，答题先从简单的开始，卷面要整洁，书写要工整，答题步骤要完整。

4.重视考后分析。拿到老师批阅的试卷后，要对试题进行逐一分析，找出自己学习上存在的问题。

5.各科试卷要分类保存，以便复习时参考。

◆课外学习

课外学习是课内学习的补充和扩展，二者是相互联系、相互渗透的整体。课外学习应注意：

1.根据自己的学习情况，有目的地选择学习内容，原则是有利于巩固基础知识，弥补自己的学习弱点。

2.根据自己的特长和爱好，选择一些有关学科的课外读物学习。

3.课外阅读一定要从自己的实际出发，切忌好高骛远、贪多求全。

◆实验课学习

实验课是理论联系实际的重要手段，实验的目的是加深对理论的理解和有效地扩大知识面，培养观察能力、判断能力、形象思维能力和动手操作的技能技巧，培养严肃认真的科学态度。实验课要做到：

1.激发对科学的好奇心，激活实验探究的欲望，激励自我探索的决心与勇气。

2.实验前做好准备，明确实验目的、实验原理及实验方法、步骤等。

3.注意熟悉实验使用仪器设备的名称、功能和操作方法。

4. 自己动手操作，仔细观察实验现象，认真测定数据，做好记录。

5. 实验完成后，要认真且实事求是地写好实验报告。

英国科学家达尔文说："世界上最有价值的知识就是关于方法的知识。"因此学会方法的知识对于一个人来说是终身享用的，它能助推人们在许多困难和未知面前找到突破口。纵观人类历史，那些杰出的成功人士，那些社会的中流砥柱都是主动寻找方法的人，去研究他们人生的奋斗史，你会发现其奋斗史就是一段不断用方法来实现自我攀登、自我超越、改变命运、获得成功的历史。

在中学阶段，同学们的注意力、记忆力和思维能力都发展到了一个新的阶段，是长身体、长知识的重要时期。谁在这个阶段掌握了科学的学习方法，谁的智力就会得到充分的开发，谁的学习就会积极主动，谁就奠定了人生发展的重要基础。

联合国教科文组织指出，未来的文盲不是不识字的人，而是不会学习的人。中学生一旦掌握了科学的学习方法，今后无论是升学还是就业，就都能够积极主动地去摄取知识和更新知识，就能在追求事业中展现出智慧、爆发出力量，就能在实现中华民族的伟大复兴中做出自己应有的贡献，实现生命更高的价值！

让学习变成快乐的事

学习作为一种获取知识、交流情感的方式，已经成为人们日常生活中不可缺少的一项重要内容，尤其是处在这个信息化时代，知识经济迅猛发展，自主学习已是人们不断满足自身需要、充实原有知识结构、获取价值信息、提升自我能力并最终取得成功的重要法宝。著名数学家华罗庚说："在寻求真理的长河中，唯有学习，不断地学习，勤奋地学习，有创造性地学习，才能越重山跨峻岭。"在人的生命长河里，学习从未间断，从牙牙学语开始，通过学习慢慢了解这个世界，通过学习慢慢提升自身能量，通过学习慢慢长大成人。处在学生时代的我们，要沉浸在学习的意境里，享受学习带给自己成长的快乐。

质疑好问让学习变成有趣的事

质疑和好问是人的天性。人在幼儿时期就已经开始以"这是什么"的提问来展开对世界的探究了，无论是天上的、地上的还是水里的，只要能够引起我们的注意，都会成为我们提问的对象。但是，随着我们逐渐长大，由于外界环境和主观意愿的干扰，我们的问题变得越来越少，以至于渐渐泯灭了这一天性。

"人间四月芳菲尽，山寺桃花始盛开"，当读到这句诗时，沈括的眉头拧成了一个结："为什么我们这里花都开败了，山上的桃花才开始盛开呢？"为了解开这个谜团，沈括约了几个小伙伴去上山实地考察，四月的山上，乍暖还寒，凉风袭来，冻得人瑟瑟发抖，沈括茅塞顿开：原来山上的温度比山下要低很多，因此花季才比山下来得晚呀。凭借着这种质疑精神和实证方法，长大以后的沈括写出了《梦溪笔谈》。

质疑和好问对于增强求知欲，集中注意力，提高学习兴趣，锻炼观察、思维和记忆能力等都有很大的作用。我们要努力激发自己的求知欲，激活内在潜能，要有大胆质疑的挑战精神，要善于请教老师、同学，敢于和老师、同学探讨、研究甚至争论。因为只有不断提出问题，进而解决问题，我们才能不断提升、进步，我们的学习才可以由被动接受知识转变为主动探索知识。让探索成为一种习惯，在探索中前行，在前行中探索，在探索中增智，在前行中育趣。

多向思维激发自身的探索兴趣

创造力是智力发展的重要方面，它并非漫无边际、天马行空的想法，而是一种发现新问题、创造新方法、帮助人们更好地适应环境的思维能力。一个拥有多向思维和创造能力的人肯定是聪明的人，因为他能够将所学到的知识灵活运用，并创造出新的事物。这种创新不仅对于个人的发展十分重要，对国家和民族也有着重要意义。

很多人都以为只有科学家、发明家或文学家、艺术家才具有创造力，实际上，这种创造力并非只指对未知领域的创造，我们每个人都具有很大的创造力。在我们的日常生活中，很多人都有过别出心裁的创造性的行为。

科学证实，创造力主要取决于后天的培养，尤其是中小学时代的培养，抓住这一关键时期，不仅有助于我们提高智力，对于我们将来的学习和生活，乃至工作和事业，也会起到很大的帮助。

爱因斯坦是一位科学家，但他放不下小提琴。在演奏乐曲时，爱因斯坦又常去思考未知领域的科学问题。其妹玛雅回忆："在演奏中有时他会突然停下，激动地宣布，我找到了它！"这意味着又一个科学方面的难题解决了。爱因斯坦常对人说："学习时间是个常数，它的效率却是个变数，单独追求学习时间是不明智的，最重要的是提高学习效率。"他认为必须通过文体活动，才能获得充沛的精力，保持清醒的头脑。他还根据自己的亲身体会，总结出一个公式，即 A=X+Y+Z。其中，A 代表成功，X 代表正确的方法，Y 代表努力工作，Z 代表少说废话。

著名作曲家莫扎特，毕生创作了 600 多首乐曲，无论在任何时候，他都具有创造的欲望和灵感。达·芬奇一生则创作了无数绘画作品，我们最熟知的是世界闻名的《蒙娜丽莎》和《最后的晚餐》，其实达·芬奇涉及的领域包括绘画、雕塑、建筑、音乐、数学、文学、解剖学、地质学、天文学、植物学、古生物学和制图学等，因而被人们称为古生物学、植物学和建筑学之父，被广泛认为是世界有史以来最伟大的画家之一，对后世的艺术领域做出了贡献。被世人公认为音乐之父的伟大作曲家巴赫一生创作了大量的声乐作品和器乐作品，即使在生病的时候，每周也还要创作一首合唱曲，他同样拥有极大的创造欲望。

古往今来，无论是科学领域还是在艺术和文化领域做出卓越贡献的人，无一例外地都对创造力给予很高重视，并拥有多向思维的创造力。我们要努力去培养自己的多向思维能力，学习和生活中遇到的问题，要多转换角度思考，如在查阅资料中思考，在实践探索中思考，在实验探究中思考，在和同学们研讨辩论、多维撞击中思考，练就多向思考的本领，享受多向思考带来的进步与欢乐。

体验感悟让学习变成快乐的事

学习使人从无知走向博学。大千世界无奇不有，一个人不知道的事物总是远远多于他所知道的事物，而人类的好奇心驱使人们总想去探求未知世界的奥秘，因而才能更好地认识、改造世界。随着不断地深入学习，人的知识、能力、智慧、品性得到提升，人的生活也会更加充实快乐、幸福美好。

学习使人从愚昧走向聪明。中华文明得以延续，靠的是一代又一代中华儿女的不断传承、不断学习、不断创新，这种传承、学习、创新，又推动着中华文明的文化基因有效传承与不断跃升。一个不求进取、不善学习的人，一个没有丰厚知识、过硬本领的人，一个没有道德品质、精神境界的人，无法适应新时代的需要，他只会被滚滚发展的洪流所淹没。只有永不停顿地学习，努力开发自身潜能，不断储备自身的知识，我们才能告别愚昧走向聪明，才能跨越人生中的崇山峻岭，才能快乐地工作、生活。

学习使人从感性走向理性。孔子说："学而不思则罔，思而不学则殆。"只有把学习和思考结合起来，才能学到切实有用的知识，否则就会收效甚微。在思考中静心学习，学习会让你变得更冷静、更理性。学习和思考使我们不断地提升自己的才智，提高自身的综合分析能力，能更加客观理性地看待身边的人和事，并能透过现象看到事物本质，而不是只看到表象。一个不爱学习不爱思考的人，在自身修养上会有欠缺，做人就会过于感性甚至容易冲动，人在冲动的时候就容易做傻事、出问题，给人生带来伤害与不幸。一个爱学习、爱思考的人，往往是一个理性判断的人，他能更好地认识生活、认识世界、积累经验、发现规律、少走弯路、提升效能、带来成就，也给人生带来欢乐。

学习使穷人变富，使富人变强。歌德曾说："我们全都要从前辈和同辈学习到一些东西。就连最大的天才，如果想单凭他所特有的内在自我去对付一切，他也决不会有多大成就。"成就依靠学习，学习改变命运。有许多家境相对贫困的孩子，通过坚持不懈地刻苦钻研和顽强拼搏，上了大学、研究生，有了好的工作，或者走上创业之路。他们不仅摆脱了贫穷，还让家人过上了富裕生活。当然物质的富有并不代表人的强大，只有建立在物质基础之上的精神强大者，才能真正成为强大之人。一个人，只有坚持不懈地学习，不断地吸收人类文明的优秀成果，才能成为心灵温润且有生活情趣的人，才能创造更多的财富来更好地回报社会，成为一个强大的充满爱心和正能量的人。学习不仅能创造物质世界，更能丰富精神世界，实现人生的美好价值，并使我们领略人生的丰满和愉悦。

学习使人眼界开阔。欲穷千里目，更上一层楼。人生想要取得更大的成功，就要付出更多的努力；要想在某一个问题上有所突破，就要站在一个更高的角度审视它，而只有积极向上、不断学习、不断攀登，才能登高望远。人生在阅读学习、研究反思、实践探究中前行，就能看见各种美丽的景物，就能遇见各种有趣的人，就能不断拓展人的知识空间与思维空间，在不断地砥砺前行中再攀高峰。只有成为一个终身学习者、终身奋斗者、终生修炼者、终身创新者，才会有"会当凌绝顶，一览众山小"的豪迈，才会实现更高生命的价值与意义，享受生命的阳光与幸福。

学习使人感受到知识的魅力与神奇。现代社会，知识呈现爆炸性增长，为何航天员可以遨游太空？为何"蛟龙"号下潜深度可达7000多米？为何我国在改革开放的四十多年中创造了经济发展的奇迹？为何计算机运算能力那么强大？为何病毒会如此攻击人类？……我们只有不断地学习，才能打开知识的大门，看到精彩的世界，更好地感受知识的魅力与神奇。同时通过不断地学习，掌握更多的知识、能力、智慧，为人类创造更多更优的服务。在学习与探索多样世界的过程中，我们不仅能提高认识世界与改造世界的能力，同时也能感受不一样的世界，不一样的人生，不一样的幸福。

新时代是一个追寻梦想的时代，当你的能力还跟不上你梦想的时候，你应该利用好一切空余的时间好好学习，好好成长。因为学习为你提供成长的养分，引领你前行的方向；帮你安定好自己的灵魂，绽放人性之美；帮你发现有意义的世界，寻找人类共同的家园；帮你登上生命新的高度，感受人生更美的风景、更愉悦的生活。

做课堂的主人

在学习的整个过程中，课堂学习是重中之重。而课前的自学自研是课堂学习的重要铺垫，是为了更深入地参与课堂学习、提高听课的针对性。课后的迁移运用是课堂学习的巩固，是课堂思维的延展，可进一步提升对课堂知识的理解迁移能力。因此，同学们对知识的掌握情况、学科素养的提升关键在于课堂效果。课堂学习是中学生学习的主要途径，是提高学习质量的关键环节，如果同学们不把课堂学习抓好，而花大量的时间去练习、复习，那真可谓"捡了芝麻，丢了西瓜"。同学们！努力做课堂的主人，促进自身健康、愉悦、高质发展。

课前准备不容忽视

在"自学自研——课堂学习——迁移运用"这样一个发展式架构中，自学自研是确保后面两个环节有效开展的重要步骤。但光有课前自学自研还不够，为了提高课堂学习的质量，课前准备工作便不容忽视了。

课前的物质准备。课前的物质准备直接影响学习的质量，有的同学经常会出现这样的情况：

1.上课时才发现自己忘记带笔或文具盒，虽然这些东西可以向其他同学借，但是借东西会影响听课，甚至会漏听重要知识点，进而影响到整堂课的听课效果，而且还会影响其他同学。

2.忘记带笔记本，虽然可暂时记到其他本子上，但放学后还要将笔记内容重新抄到笔记本上，这样会耽误时间，影响学习的整体效果。

3.上习题课、试卷讲评课时，忘记带作业本或试卷，难以有针对性地做好笔记，在错题的反思上就要打折扣，也会给课后整理、复习带来不便。

4.上实验课时，忘记带实验教材或实验报告册，也会给自己动手实验带来不便。

总之，这些细小环节都会影响课堂学习的质量，因此，我们要用心做好课前的物质准备。

课前的知识准备。课前的知识准备包括认识上的准备和相关知识上的准备。认识上的准备包括搜集文字和图片资料，观察相关的生活现象、自然现象。相关知识的准备包括与新课相联系的旧知识，比如学习英语中的过去完成式，就需要知道过去式并能很好地运用；如果学习的是一篇课文，一定要查阅课文中涉及的难点知识。

课前的思想准备。课前准备的过程也是激发学生学习欲望和积极性的过程。比如，上物理课的时候需要准备各种各样的温度计，同学们在准备的过程中，就会向老师和周围的人了解有关温度计的知识，如温度计是谁发明的？根据什么发明的？温度计有哪几种？它们都是测量什么温度的？它们有什么不同？温度计里面的液体为什么有的是红色，有的是银白色？对温度计的研究从课前准备就开始了，这样从课前到课中乃至课后，同学们都始终处于积极的学习状态之中。

同学们，努力做好课前各种准备工作，带着信心、疑惑、期待进入课堂，有利于提高听课的质量。

找准听课的着力点

学会带着问题听课，在听中求解。在自学自研的基础上，同学们的听课一般要达到三种效果：第一是对自学自研的内容进行再次认识，从而达到加深印象、强化理解、增强记忆的效果；第二是理解自学自研中不明白的地方，从而达到提高认识、消除疑惑的效果；第三是理解所学知识并在理解的基础上触类旁通、融会贯通。在这三个层次中，第三层次是至关重要的一环。孟子说："困于心，衡于虑，而后作"，即是讲解除思维障碍的重要性。课堂上要带着问题听课，既是同学们自身解释疑惑的需要，也是教师在教学过程中调动同学们的积极思维的重要方式，这两种因素在教学过程中交替发挥作用，可以提高同学们听课的效能。

学会听课抓住重点。一节课只有短短的 45 分钟（有的还只有 40 分钟），其中老师讲课的精华只集中在 15 分钟左右的内容中，老师在课堂中讲的内容较多，同学们在听课的时候切忌眉毛胡子一把抓，而是要学会抓住听课的重点。首先是根据课前自学自研的情况，重点听课前自研中没有弄懂的部分，争取通过老师的讲解，把疑难点解决，尤其是要学习老师的思维方法。其次，要善于抓住老师讲课中的关键字、词、句，注意老师如何导入新课，如何突破难点问题，如何迁移运用，如何做小结，要抓住老师反复强调的重点内容。

老师都曾经当过学生，他们知道学生在学习的过程中会遇到哪些问题。同时，作为传道授业解惑者，他们会做一些调研分析，研究学生在自学自研中存在的难点问题。对关键知识点、同学自学中遇到的难点问题，老师在课堂上会强化、会反复、会巧妙地讲解，所以只要认真听课，很容易抓住老师的重点。而且老师的讲解一定是在教材的基础上进行了深度的挖掘、整理、拓展、升华，同学们只有全神贯注听讲才能领会、掌握其中的奥妙。所以，专心致志听讲、热情积极思考是学好知识的关键。

同学们，如果上课时不用心听讲，就会形成"课上没学会，回家请家教，业余进补校"的恶性循环，往往浪费了自己宝贵的时间和精力。课堂教学的作用是任何家教与补习学校所取代不了的，任何一位同学，只要按照老师的要求，坚持课前自学自研，课后迁移运用，坚持不懈，就一定能取得较好的成绩。

眼耳手脑并用，增进知识理解。听课的关键在于对老师讲解内容的理解，要眼耳手脑齐配合去促进对所学内容的理解。眼要盯，指的是我们不仅要盯着老师的板书和老师讲解时的表情动作，在与同学合作讨论时，也需注意同学们讨论时的表情与动作表达；耳要听，指的是需听清楚老师讲课的内容，要听得准确，听出重点、难点和疑问，而且要善于倾听同学们的见解；手要记，指的是有选择性地记笔记，记重点、难点和疑点，要积极参与动手练习环节；脑要动，指的是我们要开动脑筋，积极思考，主动思考，跟随老师讲课的思路，形成自身观点，还可以超前思考、迁移思考、深度思考。总之，听课要以理解为主，要在积极思考、全面理解的基础上记忆所学的知识，那种死记硬背、未经思考和理解的知识是不长久的，也难以促进能力的提升。

紧跟老师思路，积极踊跃参与。同学们上学只有一个目的，就是学习知识，提升自己的素质，以提高生存发展的能力。是不是上课听懂了，就算课听好了呢？应该说，听懂是最起码的要求，但对于一个积极成长的学生来说，不应当只满足于这一点，而应该对自己提出更高的要求，就是在向老师、同学学习具体知识的同时，也要学习老师、同学解决问题的方法，摸清老师讲课的思路、同学的思考方式，这样才能更好地促进思维的发展和个人能力的提升。

思路就是思考问题的具体脉络。摸清楚老师讲课的思路，就是要把老师在讲课的过程中所用到的思考问题的方法搞清楚，学习老师严谨、有序、迁移的思维方式。同时，还要学习借鉴同学的发散思维、创新思维方法，努力推进自己在课堂中积极思考，在思考中提高课堂学习效率。同时还要有大胆质疑的意识，探寻问题，记录问题，积极想办法解决问题，在主动获取资源与主动思考中，促进自身更好成长。

在课堂上全神贯注

为了让每一节课都能收到较高的效果，我们必须在兴奋点、激情度、欲望、情感、注意力、自控力等方面大做文章，推动自己在课堂中更好地成长。

一是动机自控。动机是人从事某种活动的内部动力，良好的动机对于促进自身的健康成长有着十分重要的意义。对于中学生动机的培养，最重要的是培养自控力，促进自身行为动机的稳定性。每一位同学都应该学会有效的自我控制，并进行一些必要的自控训练。

在课堂中，同学们往往会有某些强烈的个人需要、欲望。比如，看见别人在外面打篮球，坐在教室里听课的你有时会感到手特别"痒"，这时的你不免会神游在运动场上无心听课；快到中午了，肚子咕噜噜叫个不停，这时的你不免会无心听课，焦急地等待下课铃响冲出教室；父母出差回来给你带了最喜欢的礼物，在课堂上你还在不断回忆等等。这些都是影响同学们听课的无关因素，会导致同学们处于不良的心理状态。所以，同学们要自我察觉并进行自我调控，使自己不受课堂无关因素的影响，把心沉下来，把全部心思集中在课堂上。

二是意识自控。意识在心理学中的定义是人所特有的一种对客观现实的高级心理反应形式。处于理性状态的时候，人比较擅长控制自己，而处于感性状态时，往往难以控制自己，所以用理性的目标似乎不能解决感性的问题。每个人都可能有这样的感觉，没有人能够完全避免，所以只能努力去改善。

在课堂学习中，同学们要对自己的思想意识进行控制，如课堂上努力集中意识、不开小差等。教育家乌申斯基说："注意是我们的精神的唯一门户，一切来自外部世界的东西只要进入到意识中来，就必须要经过这道门户。因此，学习任何一个字都不能绕过这道门户，否则，它就无法进入到儿童的精神中去。显然，培养儿童这道门户经常敞开是头等重要的事，一切学习的成就有赖于它的成功。"

注意力是意志力的重要表现，意志力的锻炼和注意力的培养有着极其密切的关系。学习过程中要严守课堂纪律，加强自控能力，不分散注意力，主动抵制引起分心的干扰，这些都是锻炼和提高意志力的好办法。有这么一个学生，在盛夏酷暑难耐的时候，他把房门紧闭，趴在桌上学习，热得满身是汗。别人问他为什么关着门，他的回答是："开着门，常有人到门口来张望，分散注意力；开门通风，会把书吹得乱翻，影响思想集中。"这么小的孩子就有这样强的意志力，为他后来的成功打下了良好的基础，他后来也以优异成绩考取了某名牌大学。

三是行为自控。行为是指受思想支配而表现出来的外在活动。行为自控是对知、情、意等方面因素综合运用的结果。对自己行为的控制包括制止已经产生的某种行为、发动某种行为、坚决完成某种行为等。如在课堂中同学们须克服自身内部（如疲倦等）和外部（如室外嘈杂的喧哗声等）的各种困扰与诱惑，积极投入到学习活动中，以保证完成学习任务。

四是注意自控。注意是指心理活动对一定对象的指向和集中，分为无意注意（随意注意）和有意注意（不随意注意）。在课堂活动中，同学们注意的指向性表现为心理活动的选择性，如指向教师的讲解上、同学的合作研讨中。注意力的集中主要指排除与课堂无关的心理活动，使之集中于课堂活动中。同学们注意的自控力主要表现在对不太喜欢、不太感兴趣的学科也能专心学习而不分心；能排除外来的诱惑与干扰而专心学习；根据学习的任务要求，能够将其他更感兴趣的事情暂时放下，集中一切精力积极学习。

五是情感自控。人是情感特别丰富的动物，情感是人对客观事物能否满足自己的需要而产生的态度体验。在课堂学习中，当我们的需要得到满足时，就会产生积极情感，这样有利于提高我们学习的兴趣，也就带来学习的激情，课堂效果也会提升。但当我们的需要得不到满足时，就会产生消极的情感，这样容易形成对课堂教学的厌恶，会影响课堂效果，长此以往，会产生恶性循环。因此，我们在课堂中，要学会欣赏老师、尊重老师、感恩老师，学会适应老师的教学方法，学会与老师沟通，积极强化进取状态。要培养自己的积极情感，努力克服消极情绪，调整心态，以积极、乐观、饱满的精神状态投入到课堂活动中。

六是认知自控。认知，指通过心理活动（如形成概念、知觉、判断或想象）获取知识，认知自控是同学们对自己认知心理活动的自我调控。在课堂上，主要表现为对记忆活动、思维活动、心理感知活动以及开展的想象活动的自我调控。我们要提升对自己活动过程的控制能力，还须加强观察、理解、记忆、思维、想象等认识能力的培养。

今日的课堂，是为我们人生加油的生命场。同学们如饥似渴的眼神，是点亮教师奉献的灯塔；同学们乐于思考、积极动手、大胆质疑、踊跃发言，是师生最鲜活的生命记忆！期待同学们乘知识之船，撑责任之篙，做生命的强者，再接再厉、勇敢向前，用奋斗书写成长的诗篇！

正确掌握解题的步骤

中学时代是人生最宝贵的金色年华，是育理想、育精神、育性格、育习惯及长身体、长知识、长能力、长智慧的青春时光。人贵有志，学贵有恒，在成长的道路上，要有刻苦勤奋、坚毅坚持的学习精神，要有勇于挑战、顽强钻研的学习品质，要学以致用、大胆实践，努力提高解决问题的智慧，要有"欲穷千里目，更上一层楼"的豪迈追求，不断促进自身更好地成长。

认识作业的价值

作业是学生通过独立思考，运用知识解决问题以提高学习能力的手段之一。美国学者瑞夫在《对学生的忠告》一书中说："你先试图很好地理解简单的基本概念，然后去做许多习题，包括书中给出的习题和你自己提出的问题。只有这样，你才能鉴别自己的理解情况。"有时候，学生会以为课本和老师所讲的全懂了，拿起作业却做不出来，这叫作"一看就懂，一学就会，一做就错"。这种状况既不利于把书本知识转化为自己的知识，也不利于把所学知识转化为相应的技能。

学生做作业不同于其他学习方式，它是学生每天都要进行操作、动手分析问题和理解知识的实践活动。学生通过做作业可以对所学知识加深理解、增强记忆、加以巩固；可以检验听课的效果和掌握知识的程度；可以发现所学知识的缺漏并加以弥补。同时，学生做的作业，给教师提供了教学的反馈信息，教师通过批改作业、评讲作业、有针对性地辅导同学，能更有效地帮助学生掌握书本知识。因此，作业起到了促进学生掌握知识的作用，是学生学习中不可缺少的环节。

学生学习的目的不仅在于要获取知识，更重要的是要培养观察、记忆、思维、想象、创造、表达等方面的能力，这些能力的培养离不开作业。作业中提出的问题，有大量是课堂上或课本中没有出现的问题，学生要用自己的知识去分析作业中的"新情况"以找出解决问题的方法，从而不断地把知识转化为技能。例如高一语文教材中的习题就明确地分了三个层次，即理解、分析，揣摩、运用，积累、联想，从而训练学生观察、思维、想象的能力。所以，作业是从知识通向能力的桥梁。

学生在长期做作业的过程中，必然会养成一定的习惯。当然，我们倡导的是良好习惯，例如先看书、思考，再下笔做作业的习惯；查对、请教、改正、总结的自我完善的习惯；遇到难题时，主动思考的习惯；抓紧做作业的时间，养成善于调整节奏、速战速决的习惯。与此同时，坚强的意志、专心的注意力、严谨的作风等良好的品格也会形成。

正确掌握解题的步骤

◆准备

做作业不是一项孤立的学习活动。预习、上课和课后复习，都是做作业的准备工作。通过预习、上课和课后复习，学生领会并巩固了知识，这才有条件在做作业时，独立地运用所学的知识去分析和解决问题。

有的同学作业迟迟完不成，究其原因，就是在做作业之前的学习环节上有欠缺，结果是欲速则不达，甚至还要返工，成了低效率的做作业。

学习是个循序渐进的过程，若在前面的学习阶段偷工减料，必将在后边做作业时受到"惩罚"。

当作业做不出来时，要认真检查一下前面哪个学习环节出了问题，原因是什么，并及时加以解决。

◆审题

审题过程中要解决三个问题：

首先要看准确。题目中的每一个字、每一句话甚至每一个符号都要看清楚、看准确。

其次要分清楚。要善于把一道题分解成几个部分或几个方面，把题中的已知、未知和潜在的各种条件等都分析出来。

再次要连起来。就是在对题目进行分析之后，能把有关的"旧"知识和当前的知识联系起来，能把题中的各个部分联系起来，把过去类似的题目所用过的方法联系起来，因为联系相关的"旧"知识的概念和原理，对习题的分析非常有帮助，可以发现新的解题方法。

◆解题

解题的过程，也就是按一定的思路对习题进行解答的过程，这是既用脑又动手的过程。解题首先要求正确，包括解题思路正确和答案正确，其次是速度快。

做作业时，要求自己一次就做对。这要求自己做作业前做好充分准备，知识结构牢固，审题没有误差，思维正确，运算能力强和在解答的过程中没有错误。

理科题中的问题往往出在运算这一环节上。造成运算能力差的原因有两种：一是平时不重视运算，认为这是简单的问题，不值得下太大的功夫；二是做作业的独立性差，依赖性强，常见的现象如跟同学对答案、自己懒动手而使用计算器或抄袭答案等。

考试要靠自己独立去解题，因此，我们平时在做作业时，也要有这种依靠自己的学习态度。

◈复查

作业做完之后要独立检查是否有错误。复查的方法很多，可以顺着解题的步骤一步一步地检查；也可以重做一遍，看答案是否一致；或者把结果代入题中，检验是否跟原题的数据一样等。

◈解题的原则

目的性原则。解题需要明确出题人的意图，如何完成题目的要求是解题的首要问题。要根据要求抓住关键，逐步转化变形，以使问题顺利解决。

全面性原则。解题时要善于全面思考，抓住问题的各种情形、特点和联系，弄清问题内在本质，运用多方面的知识，设计出多种解题方案，进行科学选择。

熟悉化原则。在解题的过程中不断变换问题，把问题划归为基本的、易于解决的问题和熟悉化的模型。

简单化原则。把复杂的问题转化为简单的问题，或者考虑它的简单情形，从而有利于问题的解决。

具体化原则。将抽象的问题具体化，将文字条件图像化。

正难则反的原则。从正面进行思维遇到困难，甚至不可能解决问题时，则应该考虑从问题的反面去解决。

◆ 摸清出题的规律

在做完题后，要思考命题者为何这样命题，命题人的想法是什么。只要细心观察，就会发现很多题之间都有联系，时间一长，我们便能找出规律。一道简单的题再加一些其他条件，就变成了一道难题，而规律却是一样。另外，要多思考某题是要考察什么能力，在解答此类问题时，我们应该注意什么，应该吸取哪些教训……经常这样思考，就能推动我们的思维发展，同时我们也能慢慢找到命题的规律，从而提升解题和应考的能力。

钟不敲不鸣，人不学不灵。学习是一条有起点而无终点的人生旅行，学习是一种零存整取的人生财富积蓄，学习是精神的滋养与修炼的过程，需要用心体验、用心练习、用心解题、用心实践，从而让我们认识世界、明白道理、发现规律、提升能力。只有不断地去创造性学习，去探寻自然的奥秘，去提升自我综合能力，才能走向卓越的未来！

考试是学习旅途上的新起点

同学们！考试绝非学习的最终目的，而是学习旅途上的一个全新的起点。每一次考试后，你不要过分看重自己的分数及名次，重要的是通过考后反思，吸取经验与教训，来促进自己成长。

宏观反思分析

对每一位同学而言，考试结果无外乎三种情况：超常发挥、正常发挥和发挥失常。不少同学在考试超常发挥时，会倍加兴奋、精神愉悦；在正常发挥时，会觉得心安理得、不过如此；在考试发挥失常时，会垂头丧气、悔恨不已。他们往往很少思考考试为何会出现这样的情况。不少同学也许会说，只要有考试，这三种情况必然出现其一。这话固然不假，但你思考得多了，能善于总结经验、吸取教训，超常发挥和正常发挥就会多一些，发挥失常就会少一些，你的学习就会进步得快一点儿。超常发挥必有超常发挥的因素存在，你应该思考一下是什么因素导致这次考试超常发挥：是必然因素还是偶然因素，是可以继续复制使用还是纯属巧合，下次是否有超常发挥的可能；如果是正常发挥，则说明你以前的做法基本是正确的，此时应该将以前学习、生活和思维的方法认真梳理一下，总结出应该继续坚持和发扬的经验。同时，还应该思考一下这些经验有没有可以改进和提高的地方，以前有没有做错或失误的地方等。如果你的考试发挥失常，你应该深刻探究是什么原因导致了本次考试出现失误，是学习方法、学习态度的问题，是师生关系、生生关系的问题，还是考场发挥、心态问题……只有真正找到并弄清楚了原因，才能不再出现类似的情况。

微观反思分析

所谓微观反思分析，就是具体到对考试的每一学科中的每一个题目进行反思分析，一般从以下三个方面进行。

1.对错题逐题进行反思分析。既然是考试时出现了错误，就一定有出现错误的原因。只有把原因找到了，才知道自己错在哪里，今后才可能不会再犯类似的错误。凡是扣分的地方，都要一查到底，是粗心大意，是临场发挥不好，是心理紧张，是纠错不到位，是训练量小了，是平时就没有理解，是考前没有复习到位，是原先做对了但在检查时改错了，还是平时虽然学会了但由于理解不充分导致遗忘等等。只有查出了"病"因，你才能知道今后该怎样治"病"。

2.对正确的题目进行反思分析。对正确题目进行反思分析时，大致可以分下列三种情况进行：一是提起笔就会做且做对的题目，这说明我们对这部分题目所涉及的知识和解题方法都掌握得比较好。若没有时间，这部分题可以不再反思分析；若有时间不妨用胜利者的眼光去进行欣赏性反思，想想这些知识和解题方法为什么掌握得这样好，今后怎样把它迁移到其他知识或学科上。二是虽然做对了，但耗费时间较多，这说明我们对这部分题目所涉及的知识和解题方法掌握得还不熟练，应弄清楚到底是理解得不透彻，是解题方法应用掌握不到位，还是训练量不够等等。三是虽然做对了，但纯属蒙出来的，这种情况应该按照错题反思分析，但同时还应该想一想为什么就蒙出来了，今后有没有可以借鉴的地方。

3. 对考试中偶然所得进行整理、总结和思考。我们在平时做题或考试时，常常会出现豁然开朗的情况，这些偶然生出来的火花，其实是有必然因素存在的。一是要把这些心得迅速整理记录下来，否则时间一长就遗忘了；二是要思考为什么这时候就忽然开窍了呢，是知识积累到一定程度就必然爆发，还是某种条件下出现了诱导因素；三是明确这是精力充沛思维敏捷激发出来的，还是纯属偶然开窍。只有弄清楚、想明白了，豁然开朗的概率才可能大大增加。

科学制定下次奋斗目标

没有目标就没有动力，这是同学们的共识。但确立的目标不正确、不科学，不仅难以产生学习的动力，反而影响学习进步。不少同学为了迎合老师和家长的心愿，盲目确立奋斗目标，他们只顾眼前"利益"，却忘了还有"秋后算账"这一回事，最终导致远离目标而受到批评，由此还有可能产生其他心理、精神等方面的问题。那么，怎样才能科学地确立下次考试的奋斗目标呢？首先，应对本次各科考试试卷进行分析，算出两项分数之和：一是各科不应该丢而丢掉的分数为多少；二是根据自己的实际情况思考一下，每个学科经过努力后还有可能增长多少分，然后据此确定下次考试的奋斗目标。即先把上边计算出来的两个分数之和与本次考试总分相加，再放到本次考试集体成绩中去比较，进而确定出下次考试相对的奋斗目标。

考试成绩只有放到比较大的参考系中去比较，才会有意义，在一个班级或者一所学校内比较意义相对较小。比如，你所在的班级或者学校正好处于高速发展时期，师生状态特别好，教师锐意进取、无私奉献，同学酷爱学习、勤奋认真，师生关系和谐，学校发展很快，所有同学都在进步，那么即使自己的名次退步了，你其实还是在进步，只是你的进步没有别人快而已。因此，我们要善于选择在较大的参考系中去了解自己的位置，这样的比较才更有意义。如在一个地级城市统一组织的考试中，或者是众多学校参与的联考中，了解自己的位置，到下次统一考试时，再了解自己的位置，这时就能看出自己在一个较大的参考系中的相对发展情况，以便我们对自己的发展做出一个较科学的评估。

加强对学习过程的自我管理与评估

考试成绩是学习过程的综合结果，且一次考试成绩很难准确地反映同学学习的真实情况。因此，同学们要加强学习过程的自我监管与评估，要善于用高标准要求自己，在务实、拼搏、严谨、创新中发展，坚信如果学习过程勤奋努力，那么学习成绩也会优秀，优秀成绩的取得一定是水到渠成的结果。同学们可以通过对过程的评估，来了解自己在学习方面的发展状况。笔者通过三十五年的教育实践研究发现，优秀的学习成绩源于优秀的学习过程，学习过程的如下八个重要因素决定着同学们的学业成绩。同学们在平常的学习过程中，应该从这八个重要因素着手去努力改变自己，使自己的学习成绩更优秀，也可通过对这八个重要因素的自我监管与评估，来了解自己的学习成绩是在进步还是退步，这往往比较准确地反映了同学们的真实情况，如果你一直坚持在这些方面努力，在中高考当中一定会取得较好的成绩。

◆师生关系

有好的师生关系，才有好的教育。有好的师生情感，才能更好地激发学生的学习兴趣，更好地促进学习成绩的提高。老师不仅是知识传授者，还是同学们成长的精神导师。同学们要学会尊重每一位老师，欣赏每一位老师，感恩每一位老师，关爱每一位老师，走近每一位老师，要善于和每一位老师交朋友。有问题时，主动去请教老师，获得老师的指导与帮助；在迷茫时，走近老师，老师会给你指点迷津、拨开云雾。建立融洽、和谐的师生关系，有利于我们更好地成长，同学们，我们一定要好好爱每一位老师，好好感受师爱的温润与美好，让师爱陪伴我们走向成功。

◆个人状态

同学们，当你跨进中学校门之时，你就跨入了人生发展的黄金时期。年轻人要有生命的活力、青春的激情、奋斗的勇气、坚韧的毅力、超越的精神；年轻人要努力传承中华民族的文明，守护中华民族的精神，展现中华儿女的精神风貌；年轻人要有时代的责任感与使命感，要把个人梦想融进中华民族的伟大复兴中；年轻人要有成为国家栋梁、民族脊梁的雄心壮志，努力为中华民族的伟大复兴做出自己最大的贡献。在成长的道路上，我们要信心满满，扬起理想的风帆、乘风破浪、奋勇向前。我们要经得起考验、耐得住寂寞、守得住心灵的宁静，永远保持积极进取的状态，满怀希望、锐意进取、快乐学习，在充实、愉悦、勤奋、拼搏中度过每一天。

◆学习计划

同学们，我们每天醒来，拥有的人生最大资本是有了新的 24 个小时，这 24 个小时有待我们去开发与利用。作为学生，我们要珍惜青春年华，充分利用好每一天，让每一天都充实、有意义。学习是我们最主要的任务，每天醒来的第一件事情，就是制订当天的学习计划，然后严格按照计划办事。当我们养成了做计划，并且严格按照计划去行动的时候，我们的学习效率就提高了 20%。学生学习的低效，主要体现在盲目行动上，每天都不知道自己应该干什么，应该干好什么，只是忙忙碌碌、稀里糊涂地学习与生活，时间一天天在不知不觉中流逝，自己也不会有多大的进步与发展。同学们，为了实现每一天的成长，请从制订计划、严格按照计划行动开始，这是进步的开始、成长的开始，如果能坚持下来，你就会获得意想不到的成果。

◆课堂效益

同学们，我们每天的大部分时间都是在课堂上度过的，课堂是实施素质教育的主阵地，是我们获取知识、提升素养的主战场，因此我们应该特别重视课堂上的学习效益。要努力做好课前一切准备；要热情、积极地参与课堂思考与研讨；要眼、手、脑、耳并用，充分调动多个器官参与学习；要学会欣赏老师，学习老师的思考方法与智慧；要学会抓关键、抓重点、记录好的思考方法与课堂中的疑难问题，以便课外及时延伸、拓展与解决。当我们牢牢抓住了课堂，我们的学习就抓住了根本，也就提升了课堂学习的质量。

◆作业效果

作业是巩固课堂学习、延伸课堂知识的重要环节，必须引起足够的重视。为了提升作业效果，必须养成先复习课堂内容，后做作业，然后再预习第二天课程的习惯。做作业时一定要养成独立思考、独立完成的习惯，不要看完题目就去寻找答案或者去问别人，也不要借助计算器来完成作业，这些不良习惯一旦养成，就会形成条件反射，限制自身能力的发展。要尽自己的最大努力去挑战性完成作业，不要轻易放弃，把经过思考还不能解决的问题记录好，再想其他方法去解决问题。如果抓住了作业环节，学习成绩就会不断提升。

◆问题意识

在学习中遇到问题是正常的，但我们要坚信一切问题都是可以想办法解决的！因此，遇到问题时，要以平常心去理性对待，看看问题出在什么地方，是知识问题、技巧问题，还是细节、状态问题；不抱怨，不自卑，不焦躁，多去想怎么解决问题，自我激励，而不要总用抱怨的方式和别人"分享痛苦"，这样表面上是在倾诉，实际上是在强化自己的挫败感，同时"传染"给别人。总之，我们要通过独自沉思和自我激励，使自己处于一个比较积极主动的状态，再理性地分析问题，解决问题。

建议同学们各科准备一个笔记本，用来记录自己的问题。随时记下问题，并且想方设法去整理问题、解决问题，一定会使自己的每一步都走得很扎实，虽然会很辛苦，但最终一定能走得更远、更好。

无论高深的、浅显的、奇怪的问题，只要自己独立思考后仍然存在模糊不清、不太理解的地方就应该去问，拜同学为师或向老师请教，不要不懂装懂，而要不断探究，以求甚解。不必羡慕甚至想象别人有多少高明的技巧，所有技巧都是时间、知识、思考、勤奋的积累，是为了解决自己遇到的问题。当然，同学们也要注意自己的起点，寻找自己能挑战的问题，脚踏实地，一步一步前进，在不断消化知识中提升，在不断解决问题中发展，这样我们不仅会取得成绩，更会收获成长。

◆ 学习总结

中学时代，是学习的黄金时期，是培养终身学习能力的重要时期，也是世界观、人生观、价值观形成的关键时期，学好知识、打好基础、练就本领是同学们的主要任务。同学们要努力探索学习的技巧、摸索学习的规律、提升学习的能力、练就过硬的本领，就需要不断探究适合自己的有效的学习方法。因此，同学们需要不断地进行学习总结，不断地思考与整理，挖掘与提升。

学习总结要抓好三个环节：

首先要落实"日总结"。每天晚上睡觉前花15分钟左右的时间，对一天的学习进行"日总结"，包括回忆当天课堂、自习所学的重要内容；思考课堂、作业中的主要收获；记录自己在学习、思考中找到的规律。

其次要抓好"周总结"。最好是利用星期日的下午或者晚上2个小时左右的时间，对本周的各科学习情况进行"周总结"，尤其要对一些主科进行概括分析、梳理知识之间的联系，有效运用表格法、思维导图法、比较分析法等，对本周所学内容进行深度思考与总结。找出知识之间的内在联系，更好地透过现象看本质，这样，我们才会在学习的道路上走得更远。

最后是抓好"月总结"。每个月结束时，我们应该对这个月的各科学习内容进行系统总结，这种每月的系统总结称为"月总结"，月总结大概需要花6

个小时的时间。一个月下来，各科学习的内容比较多，尤其是主科的内容更多，从整体来看，每天学到的知识是零散的，甚至还有点杂乱无章，所做的题目也是五花八门、各式各样。因此需要进行系统总结与梳理，需要从知识的全貌上去比较理解、深入探究、找到规律。要创建系统总结的独特方法，要善于从知识结构图、思维导图、解题方略图等方法中，提升对知识的理解能力与应用能力，提升思维的发散能力与创造能力，努力实现触类旁通、融会贯通、一通百通。

◆身心健康

身体是学习、工作的本钱，没有好的身体，一切无从谈起。学生时代一定要积极参加体育锻炼、培育体育特长、关爱身体健康，养成终身锻炼的习惯。只有身强力壮，才能精力充沛地投入学习。

要保持积极健康的心态，积极地面对生活、面对人生。只有具备健康心态的人，才能更好地健全自己的人格，实现更好的发展。

爱心无价！培养一颗爱心很重要，其他的品德都是爱的延伸。有爱才能感受到生活的乐趣，才能创造和谐的人际关系，才能享受到人生的真谛，才能感受到人类的伟大。天底下最辽阔的是天空和大海，而比天空和大海更辽阔的是人的心灵。一个满怀爱心的人，是永远不会感到寂寞的。

有同情心也是品行端正的重要体现，一个没有同情心的同学在"冷酷"对待他人的同时，也会被社会所"孤立"。只有具备同情心，才能帮助弱者，体现出自己的价值；只有具备同情心，才能使社会涌起爱的浪潮；只有具备同情心，才能使社会真正具有平等意识。同学们应学会主动帮助身边学习上和生活上有困难的同学，与他们共同成长。

开展"六心"教育。"六心"即信心、恒心、关心、开心、良心、平常心。信心是精神的支柱，是动力的源泉，是对自己深深的期待和祝愿；恒心是坚韧、意志，是对承诺、信念的坚守，是构建成功金字塔的基石；关心是理解、沟通，是心灵的抚慰和给予；开心是乐观、进取，是健康向上、不言放弃的心绪和情怀；良心是宽容、回报，是心灵的踏实与舒畅；平常心是水到渠成、运筹帷幄的坦然与自如。

只有拥有健康的身心，才是健康的人；只有健康的人，才会创造健康的事业。每一位同学，都应该高度重视身心健康，为一生健康、持续发展奠定重要基础。

"在反思中前行"是一个终身学习者必备的能力和素养。如果能从以上"八个要素"出发，加强自我监管，不断反思改进，我们就能在各个方面取得突破，既能感受过程的充实和愉悦，更能收获成长的美好与幸福！

第四章

魅力教育展望

十五年看基础教育

孩子从三岁幼儿成长为十八岁青年的过程中，要经历幼儿园、小学、初中、高中十五年的基础教育。不同的生长阶段，人的生理发育、心理发展有不同特点，幼小初高教育需要体现各自不同特色，但生命的成长又是连续的，教育又必须具有连续性的特征。在现实教育中，幼小初高教育是分块管理、相互闭塞、互不联系的，四者之间存在较大脱节。因此，从孩子十五年成长的整体角度来研究教育规律，树立先进教育理念，打造基础教育链条，打破基础教育围墙，打通基础教育课程体系，推动基础教育健康、连续、科学发展有着十分重要的意义。

树立先进理念

教育关系到为谁培养人、培养怎样的人、如何培养人、依靠谁培养人等重大问题，这也是每一位教育者必须回答的问题。从事基础教育的教师有怎样的教育理念，就会有对应的教育行为，也必将产生对应的教育结果。基础教育不仅要为孩子的童年留下难忘的美好回忆，还要为孩子一生的幸福奠基，因此需要千万教师支撑起伟大祖国的未来。北京实验学校海淀本部作为涵盖幼小初高四个学段的百年历史名校，作为北京市幼小初高十五年基础教育综合改革试验学校，在对百年历史优秀文化进行梳理与传承的基础上，紧密结合近十年幼小初高综合改革试验所探索出的规律，认为基础教育需要遵循如下二十条教育理念，才能真正担当起时代所赋予的使命。

1. 没有爱就没有教育；

2. 没有兴趣就没有学习；

3. 教书育人在细微处；

4. 学生成长在活动中；

5. 学习和教育必须贯穿人的一生；

6. 没有阅读就没有人的精神丰盈；

7. 没有深度思考就没有思维的创新；

8. 教育的宗旨是使人成为完全的人；

9. 教育孩子先教做人；

10. 教育就是培养好习惯；

11. 决定孩子一生的不是学习成绩，而是健全的人格修养；

12. 不要堵住儿童的自由想象；

13. 学校教育的目的就在于使学生养成正确的人生观；

14. 读懂学生才能读懂教育；

15. 丰富的精神生活才是教育的真谛；

16. 再好的教育也比不上孩子的内力觉醒；

17. 有好的师生关系才有好的教育；

18. 非凡的激情才能创造卓越的未来；

19. 教育是崇高而伟大的事业，不要干成小买卖；

20. 生命就是一个在"鼓舞"中奔向光明的突破历程。

这二十条理念，升华成了今日北实魅力教育的核心思想：

构造"一方池塘",服务孩子"自然"成长;

点燃"一束火焰",启迪孩子"自己"成长;

敲打"一块燧石",引领孩子"自由"成长;

推开"一扇大门",促进孩子"自觉"成长。

魅力教育就是要努力激活孩子的精气神,塑造真善美,实现孩子今天快乐成长与明天幸福发展的和谐统一,实现孩子"自然、自己、自由、自觉"成长。

塑造健康人格

决定孩子一生的不是学习成绩,而是健全的人格修养。基础教育要努力培养孩子们的良好习惯与健康人格,要根据其年龄特点,创造性地开展学会做人、学会学习、学会健体、学会审美、学会劳动、学会生活的系列教育,促进孩子在德智体美劳诸方面全面发展,帮助孩子塑造健康人格,增强精神营养,激发成长动力,唤醒灵魂自觉。即让孩子们在爱党爱国、真诚待人、诚实守信、认真负责、自信自强中学会做人;在敬畏法律、遵守规则、讲究效率、友善合作、合理消费中学会做事;在规划人生、主动学习、独立思考、学用结合、总结反思中学会学习;在关注心理、注重睡眠、合理膳食、有效锻炼、体育活动中学会健体;在文化传承、音乐欣赏、图像识别中学会审美;在担任干部、发展特长、技能提升、挫折教育中提升自我。总之,要积极塑造健康人格,为孩子的终身发展奠基。

推动因性而教

基础教育阶段,女孩的发展优于男孩,这是不争的事实。当代男孩面临四大危机：学业危机、体质危机、心理危机、社会危机。基础教育应该重视性别差异，因性而教。我们的教育不能忽视男孩发育落后于女孩的事实，要转变看待男孩的视角，改变对男孩的要求，不放弃对男孩的信心。改变基础教育的评价制度，实现男女孩分开评价，按照男女孩相同的比例给予男孩发展的同等机会，促进男女孩子之间和谐发展、同生共长。

激发学习兴趣

基础教育要努力激发孩子对学习的兴趣与对解决问题的追求，培养广泛阅读的习惯。阅读能力是学习最基本、最重要的能力，培养孩子阅读的习惯与广泛阅读的能力，可丰富孩子的精神生活。要提升传统教室的功能，让适合孩子阅读的大量书籍进入教室；提升孩子卧室功能，让适合孩子在家阅读的大量书籍进入卧室。要加强学习方法的研究与引导，孩子会学才会乐学，乐学才会终身学习。努力探索魅力课堂，增加课堂的吸引力，真正让课堂成为温暖的、美丽的、思考的、开放的、分享的课堂，让课堂成为孩子喜欢的地方，成为孩子学会学习的乐园，成为孩子快乐成长的殿堂。要有效减少传统巩固性作业，适当增加以提高自学能力为主的自主学习作业，培养自学能力，以适应终身发展的需要。要科学推进合作学习的创新开展、永续推进，努力培养团队精神，努力学会与他人相处。教育要通过系列化的学习改革，真正激发孩子的学习兴趣，促进孩子在快乐学习的道路上前行！

增长孩子智慧

智慧是智商与情商的和谐统一。我们的教育要努力开发孩子的潜能，提升孩子的综合能力，促进孩子智力水平的提升。教师只有自己成长为充满智慧的教师，才能培养出充满智慧的孩子。教师不仅要研究如何开发孩子的智力，更要研究如何培育孩子的情商。教育要以提升孩子们的思维能力为主线，以推动孩子自主成长为目标，努力开发孩子的智力，提升孩子们的创新能力。学校还要重视培育孩子的情商，情商主要是指人在情绪、意志、耐受挫折等方面的品质，可以通过全面系统的课程培养提高。人与人之间的情商并无明显的先天差别，更多与后天的培养息息相关。

童年期是人生中一个比较特殊的时期，学生们在面临学习压力的同时，又面临着生理、心理方面的变化，因此会使他们心理失衡，严重的还可能产生种种不良的后果，如叛逆、考试焦虑、与同学关系紧张等问题。学校要创设多样化的校园德育活动、艺体活动、校外活动、社会实践活动等来培育孩子们的自制力、自我驱动力、自我鞭策能力等。智力是生物所具有的基于神经器官的一种高级的综合能力，可以让人深刻地理解人、事、物、社会、宇宙、现状、过去、将来，拥有思考、分析、探求真理的能力，从而变得充满智慧。

培养科学精神

进入幼儿时期的孩子都很好奇："我是从哪儿来的？""为什么会下雨？""这个是什么颜色？""飞机和鸟都怎么飞？""白云为什么不是七彩的？""小狗为什么是四只脚走路？""树为什么是绿色的？"……孩子的问题，都需要教师、家长用心倾听、耐心回答，我们要善于从小就保护孩子的好奇心，让他有兴趣去探索未知的世界，这样对孩子在小学、中学阶段的潜能激发有极大的帮助。在孩子能够自己问问题之前，教师、家长要为他示范该怎么问问题，并一定要让孩子看到你是一个终身学习者，是一个永远都在探究问题并且对世界如何运转充满兴趣的人。你对孩子的好奇心和问题的回应和赞赏越多，他就越有可能不断地提出新问题，长大后越有可能取得成就。

既然孩子都有学习的欲望与激情，教育就要努力创造条件保护孩子们爱探索、爱思考、爱学习的天性。根据孩子的发展特征，在成长的各个阶段，创办各种科学探究室、传承文化室、社团活动室、特长培养室，培养孩子的观察力、动手力、探究力，培养理性精神、科学精神。教育要注意尊重孩子的个性，促进孩子的特长发展。教育要最大限度地挖掘孩子的天赋与才智，注重早发现，早培养，为未来培养优秀人才打下重要基础。教育要注重过程评价、多元评价，通过评价推动孩子全面发展、个性发展。

打通幼小中教研

教育极其复杂而又面临多种挑战，要想使孩子在基础教育阶段连续高质成长，就需要提供十五年连续高质的教育。因此，需要打通幼小中教研。一是打通教材，确保教材的连续性，让整体教材从易到难，由简单到复杂，循序渐进。开发衔接课程，实现两个阶段之间的无缝对接、有效对接、科学对接，为孩子们适应下一阶段的学习做好准备。二是打通教师，各相连学段的教师相互走进课堂、研究课堂，让课堂的教学理念一致。三是打通学生，各相连学段的孩子们定期开展大手牵小手活动，定期一同上课、一起参加活动。打通幼小中教研，找出孩子十五年成长的规律，让孩子处在一个理念、文化、课程、课堂相对稳定，又充满变化、多样、新颖的环境中，促进孩子有序、健康、愉悦、幸福成长。

我们的教育如何为孩子的连续成长负责？我们的教育如何为孩子一生幸福奠基？需要有更多的教育工作者去探寻、去实践、去构建更理想的教育。

教师要做塑造学生灵魂的精神导师

"教书"的价值在"育人"中实现。教书和育人,"育人"是大目标,"教书"应该为"育人"服务。教师须在"育人"服务中探寻规律、锤炼品格、升华思想。教师从事的是培根铸魂的事业,只有在"教书"的同时"育人",才有可能成为塑造学生灵魂的精神导师。

只"教书",说到底就是教书匠。做教书匠,不花费太多精力也许可以做到,而做一个培养社会主义合格公民、培养新时代优秀人才的灵魂工程师,那就需要用心血去浇灌,用爱去哺育,用智慧去塑造,用思想去影响!

无论是哪个学段、哪个学科的教师,头等重要的任务就是育人,寓教育于教学之中,是每个任课教师应精心探讨、着力研究的重大课题。教师只有胸中有书、目中有人,才能担起时代赋予的使命。一个学生就是一本丰富的书,一个多彩的世界。每个人的成长都是独一无二的,每个鲜活的生命都应得到尊重与发展。要培育他们成长、成人、成才,首先得尊重与欣赏他们,从思想上、感情上尊重他们的人格,尊重他们的个性,给他们培土、施肥、浇水、除虫,给他们阳光雨露,激励他们主动成长、快乐成长!

根深才能叶茂,有学识才有胆识,因此教师教学的自信力要求教师有深厚的学养。一个有胆识的教师必然是好学深思的,能够各种教学活动身体力行的。

做教师一定要提升文化修养。知识不等于文化，知识是一种本领，文化是一种素质。知识是文化的一部分，是文化的基础。文化是一种积淀、一种境界、一种精神。教师要成为人类文明的传播者，中华精神的守护神！

做教师一定要学会思考、善于思考，一个不善思考、不会思考的人是成不了优秀教师的。各行各业都是如此，一定要理性深思、立体思索、高位思考。比如，我们为什么会浅阅读，为什么会误读，就是没有通过纷繁复杂的文字表象看到它的本质与内核。

教育事业是奋斗出来的，绝对不是吹出来的，不是捧出来的。教师一定要不忘初心、脚踏实地、坚持奋斗，不断地总结自己的经验教训，才能发现规律、获得真知。

教师有梦想，民族有希望。教师要在教书育人中实现生命价值，努力成长为塑造学生灵魂的精神导师，成就伟大的教育事业。

学生究竟喜欢教师什么

教师是学生成长的引领者、服务者，学生是学校的中心，因而教育的一切价值是为了促进学生的健康成长，否则教育将变得毫无意义。只有读懂学生，学校才能营造和谐的校园文化；只有读懂学生，教育才能走进学生的心灵；只有读懂学生，教师才能与学生产生精神共振。而要读懂学生，就需要不断地走进学生、调研学生、陪伴学生，慢慢了解到什么样的教师会受到学生的尊重、喜欢、爱戴甚至崇拜。

懂尊重

与学生真诚相处，绝不出口伤人，把学生看作一个个活生生的生命个体，看作未来的人、有希望的人。要尊重每一个生命个体，尊重暂时落后的孩子，尊重暂时不理解自己的学生。因为教师更懂得包容，同时也要用行动告诉学生，尊重是人与人之间和谐相处的前提，不尊重人是做人的无知，不尊重学生是教师的无知。

会微笑

"一笑天地宽""笑一笑十年少"……会笑的人亲切、和善、开朗、坦然。微笑是仁爱的象征，让微笑展现在脸上，把微笑带进课堂，就能提升课堂效果；把微笑带进师生对话，就能提高育人效能。

人善良

善良的人，内心宽广，为人诚恳，对人真实，人见人爱。最好的教育是点燃火焰，改良人性。做人师，首先要成为良师，要善待每一个学生，要包容成长中有问题的学生。

心真诚

真心为学生着想，不自私，不贪功。当学生取得成绩时，要肯定学生的努力，不要将成绩归于自己；当学生存在问题时，要自我反思，不要把一切问题推给学生。教师在学生面前要善于推功揽过，这样才有人格魅力。

说笑话

教师要懂得调剂课堂气氛，说说笑话，拉近彼此间的距离，有利于师生关系的和谐。尤其是课外师生之间的交流，说说笑话不仅能带来精神的放松，更有利于师生之间达成心灵的契合，学生也更容易亲近教师，信任教师。

爱表扬

成长中的孩子，处于身体、心理发育的时期，一定会有成长的苦恼，适时恰当的表扬，有利于孩子的健康、自信成长。

多宽容

学生毕竟年少，谁人年少不犯错。孩子在成长中犯错，这是不可避免的，可以让孩子在自我矫正的过程中体验成长。不要过于急躁，成长是一个过程，要在积极中等待。

少苛责

太过严肃的责骂，只能让学生害怕一时，绝不能实现长效教育。只有以情交心，才能实现以心换心，触动学生的心灵。注重引导不折腾，注重浸润不强执，注重滋养不教训，引导启发，触及灵魂，用心做事，以情感人，推动学生自我反思，引导学生自我教育。

话简洁

切忌唠叨，容易惹人反感、生厌，激发学生逆反情绪，导致师生产生矛盾。教师要加强语言修炼，提升人文修养，言辞精辟，思想深邃，表达精练。

人优雅

教师品位要高雅，要成为做人的示范、学习的榜样、研究的先锋、创新的典范、奉献的楷模；要真正成为有修养、有内涵、有文化、有情怀、有担当的人；要成为学生信任、追随、可依靠的人。

不偏心

关注每位学生，对待优秀生要有欣赏的赞美之情，对待后进生要有等待花开的耐性。以"有教无类"促进"起点公平"，突出"为了一切学生"，提供面向全体的公平教育；以"因材施教，循序渐进，差异发展"促进"过程公平"，突出"一切为了学生"，提供多样化、可选择的优质教育；以"人尽其才，各尽其能"促进"结果公平"，突出"为了学生的一切"，提供相互衔接的一体化教育。

作业少

童年不应该淹没在作业堆里，作业应该少而精，适度减少重复性劳动，要在知识的典型性、针对性、能力点上做文章。作业的形式要多样化，注重分层布置，努力提升学生做作业的兴趣与效能。

成绩好

保证学生对所学知识懂得、会用，培养学生的学习兴趣，使所教班级成绩能达到优良。教师要围绕学习来设计课堂流程，让课堂的学习效能最大化。

教师还要研究学习方法，科学指导学生进行学习，会学才能学好，学好才会有成就感，才会给学生带来精神上的愉悦，如此良性循环，激发出学生对学习的兴趣，就会让班级成绩越来越优秀，也为学生终身学习打好基础。

不告状

老师可以多与学生和谐交流，不要轻易向家长投诉。学生的问题往往有其深层次的原因，要走进孩子心灵，与学生进行心灵对话才会解决。越是问题孩子越需要与其做朋友，用真心实意的帮助去赢得学生的信赖，促进学生的进步与发展。

换位站

教师不要总是用一个成年人的视角看问题，而要设身处地站在一个成长的孩子的角度看问题，要对孩子多一分理解，多一分期待，多一分信任，多一分欣赏。

互问候

小孩子都知道，常叫他名字与他玩的人最亲。因此，知道学生的名字，了解学生的性格，关注学生的成长，回应学生的问候，主动关注学生，有利于师生关系的改善，构建和谐的师生关系，促进师生的共同成长。

会感恩

人的社会，哪天不与人交往？得到了帮助，记得说声"谢谢"，即使对方是学生。正因为是学生，老师对他的感谢才更有分量。教师要善于感谢学生，因为有学生，我们的教育才变得有意义；因为有学生，我们对教育的研究才变得有价值；因为有学生，我们的教育才能创造成果，实现生命的价值。

贪玩、爱吃、好动，是孩子的天性，适时满足其合理的要求，或者创造条件为学生搞一些有益的活动，有利于师生之间开展有效的教育对话，有利于教师读懂学生。而只有读懂学生，教育才能遵循孩子成长的天然规律，才能尊重每一个生命个体，才能走进现代教育。

教书育人、服务学生是教师的天职，认为教育崇高的教师，一定会把教育看作人类最美好、最神圣的事业去追寻、去创造、去奉献。这样的教师会把读懂学生作为自己的教育追求，他们深知，只有读懂学生，才能走进学生的心灵，才能与学生的精神世界对话。他们从不抱怨学生、抱怨别人，他们怀着感恩的心、虔诚的心去育人，去创造最好的教育。他们深知，与其抱怨学生不了解自己，不如让自己强大起来，让自己变得更加优秀，让自己成为读懂学生心理的专家，读懂学生成长规律的导师。

社会是由个体组成的，每个个体的改变，连接起来就是社会的改变。因此，我们倡导实干，不管他人，自己先动起来。实干是石，敲出星星之火；实干是火，点燃熄灭的灯；实干是灯，照亮夜行的路；实干是路，通往未知的梦想。真的就是这样，"地上本来没有路，走的人多了，也就有了路。"读懂学生的过程中，一定会遇到种种挑战，需要非凡的耐力与勇气，但前提是大家必须都要先走起来，披荆斩棘，遇山开道，遇水架桥，才能最终走向成功。这样，教育才会走进学生的心灵；才会成就孩子的美好未来！

人工智能下的教育反思与创新

所谓人工智能，简而言之，就是让机器来模拟人类认知能力的技术。从实际应用的角度来说，人工智能最核心的能力就是根据一定的"算法"，使得机器与人类相比在面对外部世界时"耳更聪""目更明"，在解决问题的过程中"心更灵""手更巧"。人工智能在教育领域的应用越来越广泛，以人工智能为主的现代信息技术将会改变学校教育的形式和生态。

人工智能时代的到来，必将给教育带来新的机遇与挑战，我们究竟应该怎样准备？教育必须认真思考为谁培养人，培养怎样的人，怎样培养人，依靠谁来培养人的问题，这是永恒不变的育人本质。同时，我们的教育也必须充分利用人工智能提供最适合的、科学的、有趣的教育方式、教育途径、教育手段、教育评价，让教育充满生机、活力、情趣，推动教育向着更高、更优的方向发展。人工智能下的教育需要每一位教育工作者理性反思与探索实践，更需要每一位教育工作者在充满教育激情的道路上努力向前、创新超越，主动去迎接与拥抱人工智能时代的新教育。

有调查研究才有发言权

教育必须有长远的眼光，必须要面向未来培养人才。何为人才？那就是既能适应未来社会，又能改造未来社会的人。一个人是否成才，与他昨天的中小学基础教育、家庭教育有何关系，需要进行系列化的人才培养调研，以便做出真实的、理性的判断，为我们的教育改革与创新提供可靠的科学依据。

我从事教育工作已经 34 个年头，教过 28 年物理，其中 25 届高三毕业班。我在担任学校教导处主任、教学副校长和校长期间，也一直在主管或者研究高三工作，至今累计已 30 年，这 30 届毕业班共培养出清华北大生近 500 人，本科生接近 10000 人。最近八年，我校在研究与推进涵盖幼儿园、小学、初中、高中的一体化基础教育综合改革试验中，取得系列化重要成果。最近四年，我校承办了平谷区涵盖幼小初高的四个学校，我担任了法人代表，四所学校的教育质量大幅度提升，在推进城乡一体化教育的道路上做出了重大贡献。作为教育战线的一名老兵，一位新时代的校长，处在当今的改革创新时代，承担的是沉甸甸的责任，需要有改革的勇气、教育的深情，更需要履行时代所赋予的教育使命。

我对近 300 位曾经教过的高三学生进行了为期五年的调研，探索他们今日的发展与昨日的中小学教育及家庭教育有何关系，他们均为大学本科以上学历（只调研了普通文科、理科考上的大学本科生，没有涵盖艺术、体育等专业生），进入社会工作十年以上。调研的内容涉及他们今天的个人成绩、工作成果、社会成就、他们在小初高教育阶段的个人表现、价值选择、是否担任干部、个人性格、参与社团活动情况、是否有艺体科技特长、假期是否经常到社会中补课或者请家教、同学关系、师生关系、参与志愿者活动情况、是否经常参与同学间的互帮互助、分享交流活动、父母性格怎样、家庭教育属何种类型等等。

经过系统统计分析，发展相对较好的学生，是在中小学时代表现出如下四种特征的学生：

1. 中小学时代一直担任干部，而且家长与学校配合较好的学生；

2. 中小学时代积极向上、热情待人，而且家庭教育比较民主的学生；

3. 参加集体活动及社团活动积极，对学习有兴趣又有较高效率，而且有一门体育特长的学生；

4. 热爱生活，以学为乐，而且有一门艺术特长的学生。

发展相对较差的学生，是在中小学时代表现出如下四种特征的学生：

1. 节假日经常到社会中补习文化课的学生；

2. 只是成绩优秀，没有其他兴趣爱好的学生；

3. 性格内向，不善言辞，不懂得感恩的学生；

4. 不会分享，不善合作，不会处理同学关系、师生关系的学生。

没有调查，就没有发言权。通过调研，对什么是最好的教育，我有了清醒的认识，对教育的思考也更加理性，对素质教育的推进更加坚定，对当下的课程改革也坚决支持。学校必须给孩子提供最好的教育，只有这样，才能给孩子最好的明天。

在教育反思中前行

改革开放40多年来，从确立教育优先发展战略，到把实施科教兴国作为基本国策，再到人才强国战略……在前所未有的挑战与战略机遇面前，中国做出了关乎国家前途和民族命运的重大历史抉择，一条更好、更公平的教育之路在14亿中国人民的脚下铺展开来：恢复高考、立德树人、改革创新、促进公平、提高质量……以浓墨重彩之笔绘就一幅让人民满意、人人出彩的中国教育画卷，也让14亿用知识与信念充实起来的中国人成为托举民族复兴梦的强大引擎。

改革开放的40多年，中国教育创造了世界奇迹。我是教育改革的受益者，40多年来，我从高中学生到接受大学教育，从大学生到成为教育工作者，参与了教育改革的实践过程，见证了中国教育翻天覆地的变化，我庆幸、欣慰、感慨、憧憬，我为自己是一位中国现代教师而倍感自豪！

一个时代有一个时代的责任，新时代的教育应该扛起民族复兴的伟大使命，新时代的教育工作者要做忠诚教育、关爱学生、严谨治学的表率，要做一个理性而清醒的教育工作者，要学会反思、全面反思、深刻反思，在反思中前行，在奋斗中攀登，在创新中跨越。

反思自己走过的30多年教育历程，及对人才培养的系列跟踪调研与理性分析，我认为我国的基础教育存在值得反思的十个突出问题：

1. 相当多的学生是在教师、家长的要求、推动、逼迫下学习的，在这种状态下，学生的成长始终没有走向主动发展、创新发展，因而将难以适应大学生活，更难以满足未来社会发展的需要。

2. 少部分学生缺失理想信念，人生的道路走不远、登不上新高度。

3. 少部分学生缺失中华优秀文化、现代精神文明，会影响未来社会的文明进程。

4. 部分学生参与集体管理与自我管理的意识不够，主人翁精神欠缺，难以助推社会的民主化进程与社会的快速发展。

5. 部分学生的团队精神与合作能力欠佳，难以适应未来的工作，更难以为未来的和谐社会发展贡献力量。

6. 部分学生的责任感与使命感及抗挫折能力不强，面对未来人生的挑战与改造社会的能力严重不足。

7. 学校的法纪教育缺失，致使公民的法治意识淡薄，没有形成敬畏法律的意识，影响法治化社会的进程。

8.学校在研究探索学习方法和激发学生学习兴趣方面还存在缺失，如何培养学生终身学习的习惯与能力还需继续探索。

9.对学生的身心健康教育缺少足够的重视，心理问题、身体问题比较突出，终身锻炼、积极生活的习惯未能养成。

10.轻视艺术教育，使学生缺少艺术审美能力，制约学生的创造力开发进而影响社会的和谐进步。

卢梭说："一个父亲生养了孩子，只是完成了他的任务的三分之一。他对人类有生育人的义务；他对社会有培养社会人的义务；他对国家有造就公民的义务。"今天的教师，为了孩子的发展，为了学校的发展，为了国家的发展，同样有神圣的义务、责任与使命。面对人工智能下的未来教育，教育从业者能看到未来教育的走向，是清；能看到今天自身教育的问题，是醒；能反思今天的教育问题，是坦；能推进在教育反思基础上的创新改革，是诚；能发现自身教育的优点，是聪；能发现别人教育的优点，是明；能学习与借鉴别人的优点，是智；能利用别人的优点推动自身发展，是慧。清醒、坦诚是做教育之必须，聪明、智慧是实现优质教育之必须。今天的教育工作者，要努力探索人工智能下的未来教育，在反思与创新中前行，让教育成就每一个孩子的美好未来！

人工智能必将改变学校教育

今天的学生，是数字化时代里生活的"原住民"，他们从小就接触和使用这些数字化产品，体验着数字化环境带来的种种便利。作为教师，如果坚守在固有传统的经验上，那么，就会被自己的学生和先进的技术远远地抛在后面。因此，教师要和学生们一起拥抱新技术。

智能时代的教育未来——互联网＋教育，对于教师来讲，到底意味着什么呢？意味着让学生的学习由"套餐"变成了"自助餐"，因材施教变成了现实。

"互联网＋教育"不仅可以实现教学信息和内容的远程传输和资源共享，还可以突破时空的局限，让学生与学生、教师与学生之间进行全方位的互动交流。如教师借助互联网不但能够满足学生的个性化学习需求，还可通过虚拟学习社区、在线社区，和每个学生进行更全面、更密切的互动和交流，这也便于教师深入了解学生需求。

◆未来教育的重要特征是基于脑、适于脑、促进脑

教育的现代化必须遵循人的发展规律、学生的成长规律、教育的教学规律，必须培养学生的问题解决能力、创新能力。因此，对未来教育和未来学习的前瞻设计是当前我国教育发展的重要问题。关于未来教育、未来学习的构想有很多，其中有一个角度是将脑与认知科学的成果应用于教育。

学生是学习的主人，学生是用脑进行学习的，脑是学生学习的主要器官。因此，我们有必要从脑与认知科学的角度思考今天的教育、改进今天的教育。

◆教师工作的创造性推动学生学习的自主性

人工智能技术的发展将极大地解放教师在认知领域的教学与评价工作，如事实性知识、概念性知识以及部分程序性知识的教学都可以由机器来完成。学生作业的自动批改，在线学习的智能支持和服务等，这些都可以通过技术来解决，而且技术解决问题的效率要远远高于教师。所以，人工智能的运用可以将教师从大量的重复性机械劳动中解放出来。这样教师就有了更多时间和学生进行个性化的交流与沟通，组织学生参加更多的活动，进行更有效的

教学设计等，充分发挥教师作为人的不可替代的作用与功能。

从知识分类的角度而言，认知领域的教学交给机器，可以让教师有更多的时间从事情感、态度、价值观以及动作技能领域的教学，可以对多数人进行个性化教育。如果说中国古代的"因材施教"的理想体现在少数学生身上，那么，移动互联网等现代信息技术，尤其是人工智能技术的发展，将使得对多数人乃至每一个人都因材施教成为可能。丰富的在线资源、系统的智能诊断与推送等，使得学生完全可以自主和个性化地学习。

◆ 课堂教学走向弹性、灵活性、实践性、开放性

课堂教学变得更加灵活、更具弹性。每节课不一定是现在的 40 分钟，每天也未必是 7 节课。学习论早就指出，针对特定的内容，为了达到特定的掌握程度，每个学生所需要的学习时间是不一样的，有的学生 20 分钟即可掌握，有的学生则需要 40 分钟才能掌握。掌握是一个常量，学习时间则是变量，当然学习的变量还包括学习的材料、学习者个人的天赋以及学习的形式等。

针对不同的学生个体，班级授课制这种整齐划一的教学方式，也越来越暴露出其不能满足学生个性化学习需求的弊端。人工智能时代的教学管理更具弹性，会基于学生学习的需求和掌握程度进行调整。如打破了时空限制，学生随时随地均可在线自主学习。和学生在线自主学习不同，师生面对面的课堂教学，应有更多的实践和体验、更多的活动和交流。未来学校课堂还可能会有诸多形式，如翻转课堂、交流辩论课堂、合作研讨课堂、主题班会课堂等。

学生课前在导学任务单帮助下进行在线自学后，再来到师生面对面的课堂上，更多可能性将得以实现。如人文社科类的课堂，师生、生生之间可以有更多针对问题的深度研讨；物理、化学等实验类的课堂，学生可以有更

多的时间开展探究实验；音乐、美术类的艺术课堂上，师生可以有更多时间进行艺术鉴赏和创作；语言类的课堂上，学生可以有更多时间进行口语对话练习。

◆教学评价更加立体、多元、客观

评价是检查并促进学生学习的重要方式，利用人工智能技术改善学习评价，尤其是诊断性的学习评价，是人工智能之于教育影响最大的领域之一，当前人工智能技术已催生了诸多智能诊断产业。在人工智能技术的帮助下，人工智能平台随时主动收集、自动抓取学生学习的各个数据点，形成针对所有学生和每个学生的数据集。基于特定的分析模型，平台快速及时地对每个学生的学习形成诊断评估报告，并给予个性化的学习资源和发展建议，切实做到一个学生一把尺子、一个学生多把尺子，让评价更为科学、客观和及时。

◆终身学习的习惯与能力将决定人生的发展高度

在智能时代，世界飞速变化，新情况、新问题层出不穷，知识更新的速度大大加快，正在快速改变着人们的生产方式与生活方式。人们要想适应不断发展变化的客观世界，就必须把学习从单纯的求知变为生活的一种方式、一种习惯，努力做到活到老、学到老。

从幼年、少年、青年、中年直至老年，学习将伴随人的整个生命历程，并会影响人一生的发展方向，这是不断发展变化的客观世界对人们提出的新要求。人类从诞生之日起，学习就成为整个人类及每一个个体的一项基本的活动。不学习，一个人就无法去认识和改造自然，无法认识和适应社会；不学习，人类就不可能有美好的今天与社会的进步，更不可能创造更加美好的未来社会。

终身学习能够使我们克服工作、学习中的困难，满足我们生存和发展的基本需要；终身学习能使我们得到更大的发展空间，更好地实现自身的价值；终身学习能充实我们的精神生活，如果每一个中国公民都具有终身学习的能力，必将实现中华民族的伟大复兴。

人工智能下的学校教育创新

理念不变，原地转；理念一变，天地转。理念引领行为，行为决定质量。有优秀的教育理念，才会有正确的教育行为，才可能培养出高质量的人才。"北实"的干部教师大量研读古今中外教育名家的思想，开展对当下基础教育问题的反思，提出了 100 个值得思考的问题。此外，还对培养的人才开展了大量的跟踪调研，积极探寻未来人才的培养与今天所受基础教育之间的关系，努力发现优秀人才的培养方式。同时，对当下基础教育幼小初高全学段进行了大量的、理性的实践探索与教育科学研究，取得了一系列重要成果，激发了师生的精气神，推动了师生更好成长，真正实现了为每个孩子提供公平而有质量的教育。学校经历全员、全程、全学段的大量探索与研究，提出了魅力教育的系统思想，《曾军良与魅力教育》一书入选中国当代教育家丛书，并获得 2017 年国家课题科研成果特等奖。

魅力教育的核心理念

魅力教育的核心思想是：

构造"一方池塘"，服务孩子"自然成长"；

点燃"一束火焰"，启迪孩子"自己成长"；

敲打"一块燧石"，引领孩子"自由成长"；

推开"一扇大门"，促进孩子"自觉成长"。

构造"一方池塘"，服务孩子"自然成长"。首先，要创建荡漾着"自由"之波的"一方池塘"。其次，构建涌动着"创新"之泉的"一方池塘"。再次，构建游弋着"快乐"之鱼的"一方池塘"。

点燃"一束火焰"，启迪孩子"自己成长"。点燃学生"社会责任感"的火焰，点燃学生"创新精神"的火焰，点燃学生"实践能力"的火焰。

敲打"一块燧石"，引领孩子"自由成长"。善于敲打"公平"的燧石，善于敲打"质量"的燧石，善于敲打"终身发展"的燧石。

推开"一扇大门"，促进孩子"自觉成长"。"一扇大门"仰于名师，"一扇大门"依于校长，"一扇大门"基于文化。

在魅力教育引领下，学校改革创新开始循序渐进、按部就班地推进，在魅力管理、魅力课程、魅力课堂、魅力环境、魅力教师、魅力家长、魅力学生等方面推进了近百项改革，教育科研成果名列海淀榜首，使学校成了教育改革的一片沃土，办学活力四射，魅力教育正在全面开花、结果。

面向每一个生命个体提供公平而高质量的教育

教育公平是社会公平的基石，在当前教育迈向普及化的社会背景下，教育公平已经超越了早先入学机会的平等，教育质量与学习质量已经成为教育公平的一种内涵与要求。"公平而高质量的教育"，正是体现了我国教育发展的新要求。在教育规模保障教育机会的同时，必须切实提高教育质量和满足人民群众各种教育愿望的实现。只有这样，才能建设人民满意的教育，才是教育公平的时代体现。立德树人与培育社会主义核心价值观，是中国教育发展的根本，也是中国教育公平的起点与基础。中国教育公平，不只是教育机会的供给，而是基于"人民获得感、幸福感、安全感"的主观感受和"不断促进人的全面发展"的结果实现。公平需要在政府提供教育机会的基础上，转向实现满足个体"需求"，"努力使每个孩子都享有"。高质量教育不仅立足于孩子今天的快乐成长上，更要着眼于孩子未来，使其能成为新时代社会主义建设的合格人才、优秀人才、卓越人才。

◆为每一个孩子配备导师

北实的每一个教师都是导师，需要带 8～12 名学生。导师的主要工作是：价值引领、心灵沟通、精神鼓舞、成长陪伴。如积极引导孩子形成正确的世界观、人生观、价值观，树立远大的人生理想，把自己的人生梦想融进中华民族的伟大复兴之中，努力成为社会主义核心价值观的践行者，成为社会主义现代化建设的优秀人才。

◆每一个孩子都担任管理干部

培养每个孩子的责任感、使命感、服务精神、奉献精神，是教育工作者的重要使命。学校通过班级项目制管理改革，推行班级管理全员干部制，实现了人人担任干部的教育创新。这项创新激发了每一个孩子的服务意识与奉献精神，提升了每一个孩子的人生境界、合作能力、组织才华、创新精神，推动了每一个孩子的主动成长、创新成长、快乐成长。

◆每一个孩子都融进合作学习小组

合作学习是一种高效、有趣的学习方式，开展合作学习对于孩子的成长十分重要，不仅能培养团队精神，还能激发学习的兴趣，使孩子们学会学习、快乐学习。学校幼小初高各年级、各班级均组建了 2~6 人的合作学习小组，作为孩子们成长的活动团体，这是学校孩子们十分重要的学习方式，从学习小组的科学组建、文化建设、成员分工、学习策略、小组评价、团队成长等方面都形成了一套行之有效的方法，促进了每一位同学的成长与发展。

◆每一个孩子都必须参加一个以上社团活动

参加社团活动是孩子们的天性，不仅能丰富孩子们的人生体验与精神生活，还能激发兴趣、拓宽视野、发展个性特长、提升综合能力。学校要求每一个孩子都必须参加一个以上社团活动，从提出参与社团活动的要求，到对活动给予多方支持，到提供舞台展示并进行激励性评价，对社团活动的全面推动，使学校社团如雨后春笋纷纷出现，让校园充满了无限的生机与活力。

◆每一个孩子都要拥有一门体育特长

身体是学习、工作、生活的本钱，关注孩子的身体健康是学校教育的首要工作，也是评价班主任工作、年级工作、学部工作的一项重要内容。为此，学校成立了体育与健康教育中心，制定了体育教育发展战略，计划通过三年的过渡，让每一个在北实毕业的初、高中学生都必须有一门体育特长。

◆每一个孩子都要拥有一门艺术特长

提高艺术鉴赏能力，提升艺术素养与品位，应成为教育工作者的重要职责。培养一门艺术特长，对提升孩子生活的幸福感有重要影响。为此，学校成立了艺术教育中心，制定了艺术教育发展战略，计划通过三年的过渡，让每一个在北实毕业的初、高中学生都必须有一门艺术特长。

◆每一个孩子都必须在一个学期内上一次以上宣传窗

要面向每一个个体开展激励教育，要高度重视每一个生命个体的发展，要让每一个孩子融进激励教育的文化之中。我们的教育不是整天去寻找孩子的问题，而是要用慧眼发现孩子的优点，为孩子搭建成长的舞台，让他可以展示自己的优势，从而引导每一个孩子走向优秀的成长之路，确保每一个孩子每一个学期上一次学校的激励宣传窗。

◆每一个孩子都必须在每个学年听五次以上"魅力讲坛"

近五年来，学校邀请各行各业的"大家"（德艺双馨艺术家、著名科学家、国学大师、慈善企业家、奥运会冠军等）走进北实"魅力讲坛"，与孩子们近距离对话。请"大家"走进北实的目的，不是让学生羡慕他们今天所取得的巨大成就，而是让学生学习他们在学生时代立志、奋斗的精神，学习他们坚忍不拔的品质，使学生能够通过名家人生的价值选择、文化修养、奋斗精神、顽强意志，在正确的人生道路上努力前行。

◆每一个孩子在每一个学年至少参加一次研学旅行活动

让孩子走进社会、了解社会、关注社会，提高他们适应未来社会与改造未来社会的能力。学校每一个孩子在每一个学年需要至少参加一次游学活动，如深入工厂、农村、博物馆、军营、科研院所、大学校园、街道社区、名胜风景、革命老区等开展职业体验、实地调研、游学旅行。实行五年来，游学旅行活动已经成为我校教育的一大亮点，培养了孩子们的自我管理、与人合作、观察欣赏、分析判断、思考写作等能力，为其终身发展打下重要基础。

◆每一个孩子每一个学期参加一次职业体验活动

高中是一个充满梦想和期待的人生阶段，每个人对未来的思考往往是从高中开始。高中生人生规划教育活动旨在为同学们在理想与现实之间架起桥梁，从而使其在奋斗的道路上更加自信和踏实。生命是自己的，未来是自己的，幸福是自己的。北实的职业生涯规划教育，主要包括校园模拟招聘会和职业体验活动两种形式。

校园模拟招聘会。每年高一的招聘会活动学校都精心设计、认真准备，并聘请具有代表性的企业主管人力资源的代表参加。活动前期，学校对全体高一同学进行职业规划及面试礼仪和技巧的相关培训。活动当天，每家企业代表先向同学们介绍企业情况和招聘岗位的要求，然后全体高一同学手持简历，选择自己感兴趣的企业和岗位进行面试。面试中招聘企业代表耐心地与每一位同学沟通，观察同学在面试过程中的具体表现，同时传递给同学最直接的职业和行业信息。同学们通过面试了解了自己，也了解了真实的职业信息，可以指导自己规划未来职业，明确自己前进的方向。活动结束后，每个学生都会得到面试官的评价反馈，帮助学生进行总结提高。

职业体验活动。每年暑期，每个高中学生要对自己感兴趣的职业进行一周的体验活动，去了解真实的社会和真实的职业，既能开阔视野，增长才干，又能在社会实践活动中认清自己的位置，发现自己的不足，并能对自身价值进行客观评价。这在无形中让学生们对自己的未来有了正确的定位，增强了其努力学习知识并将之与社会相结合的信心和毅力。

高中生职业体验是高中生磨炼品格、增长才干、实现全面发展的重要方式，为进入社会做了铺垫，为未来就业打下基础。

◆◆学代会成为学校的一级管理机构

学校现代治理结构包括五个一级机构，即学校党委、学校校委会、教代会、家代会、学代会。学代会是学校管理的实体，从小学四年级到高中三年级每一个班都有一至两名学代会代表。学校制定了学代会代表的名额分配、代表要求、选举程序等要求，各班同学遵照学校要求进行选举。每次学代会召开，都能收到有效提案近百件，这些提案凝聚了全体同学的智慧与力量，有效促进了学校的发展。同时，也促进了孩子们的自然成长、自由成长、自己成长、自主成长。

◆◆创办 BES 微课视频

所谓微课视频，是指基于一定的教学思想，以视频为主要载体，记录教师在教学过程中围绕某个知识点，或教学环节而开展的教学活动的全过程。教学中，微课所讲授的内容一般是点状、碎片化知识点，可以是教材理解、题型精讲、小结拓展，也可以是方法传授、教学经验等技能方面的知识讲解和展示。北实的微课视频由学生会策划，由各科的学优生创作，目的是给学困生开展辅导，帮助学困生解决学习中的疑难问题，促进学困生的进步与成长。近三年来，学校高中部已录制几百节微课，涉及所有学科，已有几十位学优生成为视频开发的负责人。他们通过调研基础薄弱的同学在学习中存在的问题，有针对性地开发微视频，使学困生能及时快速解决自己学习中存在的问题，有效提振了学困生的信心，促进了其主动成长。同时也促进了学优生综合素养的提升，为其更好适应未来社会打下扎实的基础。

◆寒暑假作业大变脸

寒暑假对中小学生来说，是非常重要的成长时期，要努力推动每个孩子全面健康持续地成长。寒暑假可以从培养自学能力开始，让同学们从被动学习走向主动成长，在自学中激发学习的兴趣，激发对解决问题的追求。学校的寒暑假已由传统的巩固性作业转变为具有挑战性的自主学习作业，从自学内容的设计、自学进度的安排、自学方法的介绍、自学辅导的材料、自学网上答疑、自学的评价与激励，都形成了一套成熟的方法，使得孩子们的学习从被动走向主动，提升了自学能力，为孩子们的终身学习打下基础。

◆运用信息技术开展网上教育教学调研

学校充分利用互联网技术，按学期开展网上教育教学调研活动。针对教师的课堂教学工作、班主任的德育工作，科学设计十多个方面的调研内容，让学生人人参与网上调研，获取每个孩子对课堂、对班主任工作实事求是的评价，并利用计算机数据处理技术统计各要素的评价情况，为每位教师改进工作提供科学的依据。网上调研既尊重了学生的意见，又促进了教师理念与行为的改变，助推师生共同成长。

◆通过建立各种微信群、微信公众号开展立体教育

微信具有传递信息快、收看方便、节约成本、节省人力、能快速统一思想等许多特有优势，已经成为研究工作、部署工作、评价工作、推动工作、

宣传优秀人物、传递正能量的重要渠道。北实建立了诸如导生群、班级同学群、年级学生会群、学代会群、班级家长群、党务干部群、主管以上干部群、北实督学群、特级教师群、年级教师群等各种微信群。学校还建立了校长微信号、学校公众号、幼小初高各学部公众号、平谷四个分校的公众号等。微信群和微信公众号的科学利用，扩大了干群间、同事间、师生间、生生间、师家间的思想交流，传递了能量，增强了情感，大大提高了工作的效能。

◆开设大量科技、人文等选修课程

丰富的课程，有助于孩子的多元化发展，为此学校开设了几百门魅力选修课程，给孩子们自主选择。选修课的开设给教师成长搭建了新的舞台，让教师在原有学科教学的基础上，再系统学习与研究一些科技、人文知识，既丰富了教师的文化内涵，又开拓了教师的视野，促进了教师的专业成长。此外，学校还邀请了一大批科技、人文、金融、体育、艺术等领域的专业人才走进北实，为学生提供多彩的课程，有效实现了学校与社会的广泛互动，促进了学校的开放式办学，也让孩子更全面地了解社会、了解职业、了解市场、了解科技等，为孩子们更广泛地了解世界打开了一扇窗户。丰富的选修课，极大地充实了孩子们的生活，提升了孩子们的科学素养、人文素养、艺体素养，提振了孩子们的成长信心，让孩子们在充满自信的道路上不断前行！

学校认为，学习成绩是孩子的隐私，对不同基因、不同个性、不同特长的孩子来说，成绩的排名没有意义。学校不允许给孩子成绩排名，也不以分数论英雄，而是实行多元评价和过程激励评价，促进每一个孩子做不同的自己、做最好的自己。学校也全面做好家长工作，要求家长关注孩子的全面成长，多鼓励孩子参加艺术、体育、科技等活动，培养孩子在艺术、体育、科技方面的爱好与特长，丰富孩子的生活，让孩子切身体验童年的快乐与幸福。

鼓励家长积极配合学校对孩子开展全方位立体式的教育，要把孩子的人格健全放在首位，培养孩子爱生活、爱学习的好习惯、好品质。激励家长相信学校、相信教师，严格按照学校的要求、老师的要求做，激发孩子的自信心，坚信每一个孩子都能进步与发展。告诫家长不要把孩子送到任何校外的学科辅导班，如果加重孩子的学业负担，将影响孩子的正常休息，降低平时上课的效率，最终影响孩子的整体发展，对孩子的成长十分不利。教育孩子要有远见，既要为孩子今天的幸福成长全面创新，又要为孩子未来的成才科学谋划，这是功在当代、利在千秋的伟业，需要我们在反思与创新中超越。

如果说学校是苗圃，孩子们是种子，那学校就应该是多样化苗圃，为学生多样化发展给足养分。早在 1913 年，著名发明家爱迪生就预言：未来学校将废弃书本，而用电影来传授人类知识的每一个分支。一百多年后的今天，智能化的时代已悄然来临，今天的教育必须用前瞻性眼光进行战略谋划，必须带着教育的激情、创造的热情走进智能时代的新教育，让教育成就孩子的未来！

把握课改趋势　发展核心素养

随着世界多极化、经济全球化、文化多元化、社会信息化的深入发展，教育全球化成为当今国际教育的发展趋势，课程改革是应对教育全球化的重要举措，也是基础教育改革的核心内容，当今世界课程改革主要体现在多元主义教育、全民教育、主体教育、生态教育和个性教育五个方面。培养学生的核心素养，培养具有国际竞争力的人才，是世界各国教育的重要使命。

我国基础教育正从"知识本位"时代走向"核心素养"时代。这是一个全球性教育趋势。早在 1996 年，联合国教科文组织就提出了 21 世纪公民必备的"基本素质"；经合发组织于 21 世纪初，将核心素养体系概括为"人与工具"、"人与自我"和"人与社会"三方面；欧盟于 2005 年正式提出终身学习的八大核心素养；2015 年，国际教育局将培养能力、学生中心、整体综合、多样包容、数字化以及科学评估等内容作为课程发展的新趋势。

面对教育全球化的挑战，我国课程改革的重要目标就是发展学生核心素养。核心素养是指学生在接受相应学段的教育过程中，逐步形成的适应个人终身发展和社会发展需要的必备品格和关键能力，是知识与能力、过程与方法、情感态度与价值观的整合。北京实验学校积极推进魅力课程的科研与实践，这对进一步发展学生核心素养，打造魅力教育品牌，具有独特的现实意义和深远的历史意义。

育人目标指向学生终身发展

学校以"魅力教育"为特色，全面落实教育部有关课程改革的文件精神，以课程研究与课题研究为载体，以提升学生的核心素养为目的，整体构建十五年一贯魅力课程体系，建立幼儿园、小学、初中、高中、大学课程衔接机制，探索"直通车"育人模式，使课程更加满足学生发展的要求，更加符合学生身心发展的特点，充分发挥课程的整体育人功能，为每一位学生的成才奠基；实现全科育人、全程育人、全员育人和实践育人，把学生培养成为具有"中国灵魂、国际视野"的现代人，为我国基础教育综合改革提供普适样板；创建基础教育现代化的普适品牌，培养具有全球化竞争力的魅力人才。

课程结构促进学生整体成长

依托十五年一贯综合改革实验的办学优势，基于并高于国家课程标准，立足提升学生的核心素养和综合素养，整合国家课程、地方课程与校本课程，涵盖基础课程、拓展课程、探究课程、融通课程、综合实践课程、国际课程与特色课程等多元课程类型，丰富基于云平台的网上选修课程，建构具有世界水平的课程，形成优质多元、开放共享、个性选择、分类分层的课程结构，实现国家课程、地方课程校本化、校本课程特色化、课程资源优合化及课程体系的横向融合与纵向贯通，不断提高学生的创新学习能力、团队协作能力、实践调研能力、难题解决能力、讨论沟通能力和自我发展能力，培养学生的创新思维和综合能力，尊重学生的多元性，积极开发学生潜能，促进每个生命个体健康成长。

课程供给满足学生个性需求

核心素养是指学生在接受相应学段的教育过程中，逐步形成的适应个人终身发展和社会发展需要的必备品格与关键能力，是知识与能力、过程与方法、情感态度与价值观的整合，以及对人权的理解与尊重、对文化多样性的认识及学会的终身学习与合作的能力，是培养适应未来社会又能改造未来社会的优秀人才的基础。学校坚持以学生个性需求与发展为中心，从以"教"为出发点，转向以"学"为出发点，围绕学生提升核心素养构建课程体系；探索以经济、文化、科学、生活等领域的内容设计课程或课程群，使学生在实际生活情景中学习，提升核心素养；推进跨校选修平台的建设，丰富课程供给模式，充分发挥地方课程、校本课程的育人作用，不断丰富课程资源，扩大学生对课程的选择权，满足学生个性化的学习需求。

学科融合培养学生创新意识

学生发展核心素养的灵魂是创造力的发掘和培养，现代学校需要解决的问题是把人文素养和科学精神转化为创造力。

学校开展课程创新实验，关注课程的整体育人功能及学科内、学科间的联系与整合，加强综合实践活动的开发与实施，大力培养学生的创新意识。学校依据课程标准研究三级课程整体建设一体化课程方案，提升校长的课程领导力、干部教师的课程执行力和创新力，促进学生全面发展。当前世界各国注重促进学科之间的相互融合，发展学生的综合能力。首先要落实学生发展核心素养，要关注跨学科综合学习，打破学科界限、融通各学科知识，贯通价值观、思维力和创造力，充分尊重学生的健康个性，培养跨学科、跨领域人才成长的核心素养。其次强调课程的整体性，以整体性的课程培养整体性的素养。基于核心素养的教学，要求强化立德树人观念，更新质量观；强化目标意识，将学科素养渗透于学习目标中；着眼教师课程设计能力、课程整合、综合课程建设能力的提升；提倡自主学习，合作交流，探究实践；培养学生联系生活、发现问题、分析问题、解决问题的能力，培养跨学科、跨领域的人才。

课程评价关注学生全面素养

关注学生发展核心素养，能够进一步提升综合育人水平，更好促进各级各类学校学生的全面健康成长，是世界教育发展的方向。要制定明确、具体、可操作性强、适应于评价的能力表现与检测标准，把核心素养指标真正落实到学校的培养目标、课程目标、教育教学活动以及评价机制之中。将全面素养与创新素养的培养，作为十五年一以贯之的人才培养目标，将创新意识与创新思维的生成作为考核学生的重要指标，而不是将学科成绩作为评价的唯一指标。在幼儿园阶段，主要考察学生好奇心的开发程度；在小学阶段，主要考察学生创新意识、良好习惯的养成程度；在初中阶段，主要考察学生的问题意识、理性思维与创新思维的形成程度；在高中阶段，主要考察学生的逻辑思维、探究意识和初步的创新能力的培养程度。一贯制的课程教学评价机制，还应关注学生全面素养的培养，根据创新素养的多元性特点，强调从知识的广度评价学生，为课程实施效果评价建立科学的指标体系。

社会实践提升学生综合能力

基于学生发展核心素养培养的课程目标，加强综合实践活动课程的开发与实施，各学科平均有不低于10%的学时用于开设学科实践活动课程，可以以某一学科内容为主开设，或者综合多个学科内容开设，与劳动技术、信息技术、研究性学习、社区服务和社会实践活动等统筹，综合培养人文素养、科学素养，提高综合运用知识解决问题的能力、交流与合作的能力、实践与创新的能力。学科实践活动旨在培养学生正确的劳动价值观，增强社会责任感和人生幸福感，促进知识、能力转化为素养并得以全面提升。

综合实践活动课程是在原来信息技术、劳技、研究性学习、社区服务和社会实践的基础上，进一步强调学科实践活动课程的重要组成部分。该课程是一门注重学生亲身体验的实践活动课，通过学生的亲身实践，培养学生的人文素养与科学素养，并能提高学生的多种能力。要让学生有适度的劳动体验，适度出出力、流流汗，培养正确的劳动价值观。学科实践活动课程由市、区、校三级采取 1：2：2 的模式共同开发，形成包括课程目标、课程主题、课程内容、课程实施、课程评价在内的系列课程。学科实践活动的特点是：密切联系生产、生活实际；以实验、观察、制作、调研、实地考察为主要活动方式；采用问题和任务驱动，调动学主体作用，鼓励学生合作学习；淡化学科的知识和原理，关注体验与应用等。开发的实践活动课程应根据学科系列、主题系列进行整理、形成规范，可以有文本类（编辑成活动手册或教辅读物）、电子类（制作成光盘、多媒体材料等）、网络类（制作微课和 MOOC）。除储存所有课程资源外，还要开发自主选修课系统、评价认证系统、讨论指导系统，建立资源平台供学生自主选择，有效地促进学科实践活动课程的实施。

纵深感受传承传统文化价值

加强优秀传统文化教育，传承中华传统文化价值。一是组织专家力量，依据教育部传统文化教育纲要，挖掘传统文化精髓，研发传统文化诵读和研读校本教材，覆盖十五年基础教育；二是开展传统文化课程教材走进学校的实践研究，通过对传统文化课堂教学模式、传统文化与学科教学的有机融合研究，使学习内容切实落实到课堂上；三是结合校情，依托各种活动，引导学生纵深感受、体验和传承传统文化价值，避免简单诵读、复古表演等形式。学校组织老师与专家共同研究、编写适合本校学生的国学课程教材，如将《弟子规》、《三字经》、《声律启蒙》和国学经典《四书五经》的部分内容确定为诵读篇目，并推广使用；在有一定基础的中高年级学生中成立"国学小书院"，在国学老师指导下研读《弟子规》《四书五经》《朱子语类》；另设民族舞蹈、国画、书画、古琴、剪纸、武术等国学兴趣课程。通过活动实践，学生们编写了一套图文并茂、形式新颖的《新弟子规》，使国学离学生的学习生活更近。

抱团发展创建魅力课程文化

"抱团发展"的共同体研究，是现代教育研究的主要方式。学校创建"魅力教育研究共同体"，借鉴集团总校已有的研究经验，形成高端引领、示范带动、多级联动、资源共享、优质发展的十五年一体化魅力课程科研新模式。在推进集团总校课程和集团地方课程的基础上，在课程建设方面突显集团校本特色——"幼小初高"十五年一体化课程和融通课程、探究课程、综合实践课程、四季拓展课程、社团课程、学法指导课程、游学课程等，及科学实验班、人文实验班、九年一贯制实验班、"1+3"实验班等课程的开发与建设，构建了集团一体化、普适化、系列化、精品化、特色化课程体系，进而形成北实联盟魅力课程文化，助推集团学校的均衡、优质与可持续发展。

人才是课堂教学活动的最大生产力

人是什么？人是可以获得生命的生命。教育是什么？教育是生命影响生命的互动过程。教育是为了什么？教育是为党和国家培育优秀人才，是为孩子的终身幸福发展奠基。课堂教学作为学校教育的主阵地，为了教育人、培养人，首先要去激活人的精神觉醒，使个体生命高质成长！

课堂属于学生

学生是课堂的根、课堂的命，是课堂的开始、课堂的发展、课堂的结束……学生，是课堂存在的全部理由。教师要努力转变课堂教学的观念，"教"的根本目的是促进学生的"学"，激活人、激发人、发展人、成就人，要成为教师课堂教学价值的追求。课堂要尊重学生的主体地位，教师要充分调动学生的学习积极性、主动性、独创性。课堂必须以促进学生的主体成长来思考，以激发学生的学习兴趣来创建，以激活学生的思维来设计，以推进多样化的学习来创新，以激励学生多元发展来推进。学生是课堂教学的最大资源，学生的活力被彻底激发之时，才是课堂教学效果最佳之时。

创设学习流程

　　新时代是一个不但需要知识，更需要能力的时代，新时代的幸福人生离不开自我管理能力、信息处理能力、有效表达能力、沟通协作能力、创新变革能力。新时代需要新课堂，新课堂要为培养新时代人才所需要具备的新能力打下基础。课堂必须以学生的发展为本，教师应依据学生的情况进行课堂流程设计的创新改造；依据学生的发展起点与问题导向，努力推进学生的多样化深度学习，在积极参与、合作参与、勇于参与等立体型学习中激励学生成长，达成培养学生的目标。

激发学习动力

　　教育的本质不是把篮子装满，而是把灯点亮，把学习之火点燃。学科教学贵在持续点燃学生的学习兴趣，把学生基于学科领域的好奇心、笃行力、思维力、合作力、反思力、研究力、创造力激发出来，并基于学生成长规律进行持续引导和培养。这一过程首先要基于"学科真实问题"的产生，真问题激发真研究，才会形成真能力，最终产生真兴趣。其次，要做好思维发展。一个人从出生时的懵懂无知，之所以能成长，之所以会越来越聪明，之所以能适应生活，之所以能开拓创新，就是因为通过接受教育而不断地积累了知识，不断地发展了思维。因此，发展学生的学科思维能力应成为教师的重要使命。再次，课堂教学一定要走向开放，让孩子们在与老师、与伙伴的互动中，与世界、与生活的关联中学习知识，为孩子们营造最佳的学习环境，使教学设计更具有科学性、创造性、激励性、吸引力，从而保证课堂的快乐、高质，激活学习动力，促进持续发展。

激励生命成长

教学要努力促进学生持续成长、健康成长，需要找到生长点、突破点，而问题点就是生长点、突破点。没有问题，就不可能有真正学习的产生，也就难以有真正的成长。教师要善于诊断学生的问题，要善于让学生暴露自己的问题，要善于抓住课内生成的问题，要激发学生对解决问题的欲望与追求，要努力营造团队学习的文化，要精心推进合作学习的深度开展，要研究推进团队学习的有效激励评价，把每一个人的成长融进团队发展中，不让任何一个孩子掉队，不让任何一个孩子的心灵受到污染，激励每一个个体生命快乐成长。

实现学科育人

学科育人，在于让学生成为未来社会可靠的接班人与合格的建设者。这不是遥不可及的教育理想，这样的理想值得我们教育人用心、用爱、用智慧去追求，值得每一位教育人一生矢志不渝、坚韧坚持、无怨无悔去追求。

在课堂上，为了让几十位儿童的生命灿烂，课堂应围绕人的成长与发展来创新展开。人有巨大的潜能，人有强大的活力，是课堂教学活动的最大生产力。只要我们坚持创新改革，让课堂充满生命活力，让课堂滋养精神世界，45 分钟的有限课堂，也可以创造生命的无限精彩！

"三律、三德、三人、三成"教育
是提升未来公民素养的有效途径

在实现中华民族伟大复兴的今天，必须让每一位公民都成为努力参与者、积极建设者、奉献创造者。学校中的每一个孩子都是社会的公民，公民素养的高低决定着社会文明和谐的程度，因此，当下的基础教育要担当起新时代赋予的历史责任与崇高使命，要努力激活孩子的成长动力，需要开展"三律、三德、三人、三成"教育，为培养未来优秀的社会公民奠好基、固好本。

所谓"三律"，即法律、纪律、自律；"三德"，即社会公德、职业道德、个人品德；"三人"，即人性、人道、人格；"三成"，即成人、成才、成功。

未来社会的公民都是合格的公民，就能创造一个文明法治的中国；未来社会的公民都是优秀的公民，就能创造就一个富强美丽的中国；未来社会的公民都是卓越的公民，就能创造就一个伟大强盛的中国。因此，中国的未来，需要基础教育两千多万教师的创新奉献；中国的未来，需要亿万中国人民的奋斗创造。今日之学校，今日之教师，我们自当执着教书育人、立德树人，我们要坚定信念，努力为未来社会培养合格公民、优秀公民、卓越公民。

法治社会要求人人遵守法律，敬畏法律。同时，要求人人有社会公德，具备最起码的人性。只有遵守法律、注重公德、具备人性的人，才能成人，才能成长为合格的公民。

但每一个社会人，还必须遵守各自职业领域的规章制度，用各种纪律约束自己的行为。例如，一个医生，严格遵守医院的工作纪律，是有医德的重要表现；一个老师，严格遵守学校的规章制度，也是有师德的基本要求。无论是医德还是师德，这些职业道德，都进一步规范了每一个人的职业行为。只有敬重纪律、严守职业道德、凸显人道，才能成才，才能成长为优秀的公民。

法律和纪律都是他律的范畴，而做人的最高境界是自律，自律不是社会的强制要求，而是对自我的要求，是更高的要求。有了高尚的个人品德，才会有人格魅力，才能获得成功。只有严格自律、锤炼品德、健全人格，才能成功，才能成为卓越的公民。

更新教育观念，锐意改革创新，善于实践探索，丰富教育内容，转变教育方式，拓展教育渠道，强化过程评价，提升教育质量，是新时代教育工作者必须认真思考与积极实践的问题。

苏霍姆林斯基说："教学大纲、教科书规定了给予学生的各种知识，但是没有规定给予学生最重要的一样东西，这就是幸福。我们的教育信念应该是培养真正的人，让每一个从自己手里培养的人都能幸福地度过自己的一生。"每个孩子，作为社会公民，他的幸福在哪里？我想只有当他能成为合格的公民、优秀的公民、卓越的公民之时，他才有好的人生，才有真正的幸福。

我们的教育工作者应该怎样科学地开展素质教育以提升学生的核心素养与关键能力呢？怎样提供最好的教育推动孩子更好地成长呢？创新开展"三律、三德、三人、三成"教育，并融进中小学日常教育中，有效渗透到教育教学的各个环节中，融入家庭教育生活中，是德育工作的创新思考与积极实践，是培养未来合格公民、优秀公民、卓越公民的有效途径。

教育要帮助每一个学生，要承认并发挥每个学生的潜力，为每个孩子搭建成长的舞台，演绎生命的精彩。教育要限制、缩小、化解人的生物属性，教育要传递、彰显人的精神属性，在尊重生命的存在与差异的前提下，努力发现各自生命的价值与潜能，让其充分享受成长的幸福和尊严，将其带到人类丰富的精神世界中去，引领其做有人性的人、有信仰的人，做人格健全、可持续发展的人。

教育是美好的事业，美好的事业需要用美好的心灵、美好的思想、美好的情感去哺育。只有在反思中前行，在创新中挑战，在坚持中超越，我们才能把今日之孩子培养成未来社会的合格公民、优秀公民、卓越公民。我们坚信中国的教育一定会从"跟跑"到"并跑"再到"领跑"，中国一定会赢得未来！

愿我们把教育生活过得新颖美好

教育是追求美好且幸福的事业，学校既要为师生今天的幸福生活勤奋创新，又要为师生的美好未来耕耘创造。没有教师的幸福和快乐，就不可能有学生的幸福和快乐。叶澜老师说："教师是一种使人类和自己都会变得更加美好的职业。教师以其创造性的劳动去实现自己的生命价值，并在创造性的劳动中，享受因过程本身而带来的自身生命力焕发的欢乐。"教师们需要肩负起教育的使命、扛起历史的责任，需要在传承中创新，在激情中超越，让教育生活新颖有活力、美好而幸福！

做好精神准备，向往教育的美好

从事教育必须先教育自己，这样他的话语才能打动人心。如果不能做到言行一致，就无法影响和教育他人。作为教师，除了关注儿童身体发育的需要，更应关注儿童的心理、精神的总体发展需要。教师应该明白自己是儿童学习的典范，让孩子们能感受到温情和关爱。他应该对儿童进行观察，对儿童的困境提供必不可少的帮助和指导。他应抑制容易发怒的习性，帮助学生接受我们对他们的责备与批评。蒙太梭利指出："在培养儿童中，一个最初的错误，可能会成为他精神生活中无数歧变的根源。"所以教育要给童年留下甜美的生活，留下有趣的故事，带给他一生最美好的回忆，为他的成长打下健康的心理基础。

教师应具有合作、团体精神。育人是一个整体行为，教师的心只有团结在一起，才能给每一个孩子提供最适合的教育。

教师要有高贵的品格。教师的人生观能与天地日月的宇宙观融为一体，教育便会呈现一种令人动容的气象：一切都互相包容，互相融通，互相感化；学生的知识、思想、情感、道德、才干和智慧都在节节攀升。这是教师品格化生万物的奇妙力量与神奇魅力。教师高贵品格要做到三方面才能炼成：

首先要看到生活的美好。教师要能用运动、发展、变化的眼光，看到生活中进步、积极、美好的一面。教育是培英育才、塑造灵魂的美好事业，美好的事业要用美好的色彩、美好的事物、美好的景象去描绘。教师还要看到学生的美好。教师要认识到学生是家庭的未来、民族的未来、国家的未来，并在他们身上寄托万千美好的希望，继而用美好的思想、美好的情感、美好的精神去培养。其次要对教育充满信心，对学生充满信心。古罗马哲人西塞罗说："信心就是抱着足可确信的希望与信赖，奔赴伟大荣誉之路的感情。"教师只有坚信学生是可塑造、可成栋梁、可迈向卓越之人，才会因势利导、因材施教，也才会由此产生无私奉献精神，进而教出有信心的学生。三是简化生活。教育是沉潜的事业，容不得轻浮暴躁、急功近利。

"淡泊以明志，宁静以致远。"教师精神高贵，教育质量才有保证；教师理想宏大，教育才能成就孩子未来。新时代的教师要做精神高贵、理想宏大的播种者，努力给孩子提供最好的教育，助力孩子创造最好的未来。

怀着诗心匠心，品味教育的美好

"凡是艺术家都须有一半是诗人，一半是匠人。"朱光潜先生说的这句话同样适用于教师。教师若没有诗心，便难以感受教育的生动有趣；教师若没有匠心，教学便难以出成绩、出成果。教师只有拥有丰富而深厚的心灵，才会实现完美的教育，拥有美好的人生！

事实上，所有的幸福、快乐和美好，都是需要费时费心费力才能得来的。如米兰·昆德拉说的："麻烦的事情里头，隐藏着真正的乐趣。"教育的终极问题落实下来，不过是寻常问题。"看似寻常最奇崛，成如容易却艰辛"，这是教育的真味，也是教育的胜境。如同毕加索把同一题材画了又画，面对他人"是否有很多人订购这一题材的画"的疑问，淡淡回应："问得好愚蠢！光线每分钟不一样，每天也不同，所以我画出来的也总是新题材。"

回看自己的教育历程，我确是怀了一点儿诗心和匠心在行走。其间与各不相同的孩子相遇，彼此之间碰撞出太多的乐趣和神奇，如《高效学习方略》出版后赠送给我的学生，孩子们欢呼雀跃；带着仪式感过好每个节日，比如成人礼，与每个孩子握手、拥抱，与孩子合影留念，祝福孩子愉快成长；"六一"儿童节，我带领校务委员给每一个幼儿园、小学、初一的孩子送节日礼物，祝福孩子们节日开心快乐、幸福成长，温馨甜蜜的糖果，甜在孩子的嘴里，温暖在孩子的心灵里。教育中，有趣的资源无处不在，要靠我们自己去寻找、去发现、去创造。

回看自己，曾遇见过太多让我喟叹的"巨石"和"险滩"，但当我静静回顾其间的惊涛与骇浪，却真切地体会到，那些困难让我对教育有了更深的理解：原来困难真的是教师成长的最好教科书，原来教育并非想象的那般艰难甚至还带点回甘。此时回看托尔斯泰的艺术论，"任何伟大的作品都是蘸着血泪写成的"，终于能体会他的深意。带着这样的认识和体验，我重新定义教育，并尝试着让自己的步履从容一点儿，用心勾兑教育生活的点点细节，果真将教育生活经营得生动非凡：学生晨读时，我也顾自读书，在花香和着书香的氛围里，让灵魂也浸染上香气；每次从外地回来，都给孩子们带点儿当地的小特产，新疆的葡萄干、陕西的琼锅糖等都曾甜过他们的嘴；每个节气，带孩子们走进校园或是走进大自然，和孩子们一起谈谈收获与成长，感受生命的节奏和时序……把教育生活过得生动有趣、富有诗意，不是矫情，而是深情。

师生之间的情意，流动着音乐的律动之美。教师用内心的生动有趣做"本钱"，必定会留下温暖动人的"利息"在孩子们心间，于是教育中处处有惊喜和甜蜜：我的桌上时不时有孩子们的"心意"，一个香喷喷的小饼、几个甜甜的橘子、几颗紫皮糖，一些精巧的小手工制作等等，我都能猜到它们的主人及其心意。

在北京十一学校担任教学副校长期间，我给高中部全校同学做过一场报告，报告的主持人是我任教的高三班级的物理课代表，她在主持会议上时如此介绍我："十一学校副校长曾军良，主管高三毕业班的全面工作，并兼任高三9班的物理教学工作，他特别注意激励学生，每节物理课总是提前五分钟来到教室，在黑板上写一句激励学生的话，经过一个学期的课前激励，产生了很好的教育效果，形成了一种积极向上的激励文化，有效地推动了学生的主动成长、健康成长、快乐成长。他得到了全体学生与家长的充分肯定，被学生誉为'善于超越自我的激情勇士''播撒真、善、美的恩师''带给我们自信的天使'。"学生对老师的激励成了我前进的巨大力量，激励着我不畏困难、勇敢挑战、愉悦前行。

怀着诗心匠心行走，师生之间的情意循环往复互动，教育的情趣就会源源不断，乐趣也会生生不息。

进行深度思考，创造教育的美好

马丁·路德·金说："国家的繁荣，不取决于其国库之殷实，不取决于其城堡之坚固，也不取决于其公共设施之华丽；而在于其公民的文明素养，即在于人们所受的教育，人们的远见卓识和品格的高低。这才是真正的利害所在，真正的力量所在。"教育是一项伟大的事业，干好教育需要伟大的志向、宽广的胸怀；教育是面向全体的事业，干好教育需要理性思考、全面思考；教育是面向未来的事业，干好教育事业需要创新思考、深度思考。

教育有太多的复杂性，教师需要不断思考与研究。面对性格各异、基础不同的鲜活生命个体，没有研究、没有思考，教育就无法走进孩子的心灵、无法激活孩子内在动力。思考究竟有什么特点呢？我们平常总是不假思索地使用"思考"一词。这让我们以为，我们是肯定了解思考的含义的。而深究起来，所谓的思考到底是什么呢？跟单纯的"想想"有什么区别？跟泛泛的"了解"又有什么关系？思考需要遵循什么样的顺序吗？

我们似乎也从未对自己拥有相当的思考能力这一点产生过怀疑，即使有时会因为无法得到结论而感到焦虑、悲观。思考这种能力仿佛是人类与生俱来的。学校既没有教过我们关于思考的方法，我们自己也没有特别下功夫去研究。不知不觉间，我们就已经在思考问题了，并且逐渐拥有一套自己的思考方法。然而，我们也会发现，当我们想换一种思路来思考并取得一些思考上的突破，却相当困难。这是因为，每个人的想法都被他的思考模式限制住了，而我们对这些限制并没有感觉。这时，我们不妨参考一下他人的思考方式，从而让我们意识到自己是以何种方式在思考。

思考是一件非常有趣的事情，能带给人幸福与安全。有一个叫 Joshua 的美国人，他在中国的报纸上登了一篇文章，名字是《我对云南之旅感到失望》。这个美国人写道："部分中国人旅游时，似乎不愿意去感受美景。到达一个景点后，他们会相互拍照……然后迅速离开。在许多外国人看来，中国人好像是为了'去那里做那些事'，而不是去欣赏美景。"当一个教师新接手一个毕业班级后，他有怎样的感觉？会怎样去对班级进行评价？教两个班级时，他会用怎样的思维去看待相对薄弱的班级？他传递给同学的、给以前任课教师的、给班主任的是什么信息？

思考是一件高难度的事。在平时的工作中，许多人宁愿埋头苦干，任劳任怨，也不愿进行深度思考。如果你想造一艘船，不要先召集人们，要求他们提供木材、准备工具，而是应该号召他们，然后激起他们对无边无际的海洋的探索欲望。

教师要成为善于思考、能深度思考的人，有智慧的教师往往有良好的思维方式。思维方式，是指思维倾向、思维脉络、思维策略、思维习惯等，对于教师十分重要。比如，"一粒老鼠屎坏了一锅汤"与"火大无湿柴"到底谁对谁错呢？问题学生可能破坏班风，好的班风能转变问题生，到底哪一句是真理呢？都是，也都不是，要看具体情况。再如"近朱者赤，近墨者黑"，一个好学生忽然和某个问题学生交往增加，教师提醒学生："你小心学坏（近墨者黑）。"为什么教师不反过来想一想，这位好学生可能会使那问题学生"近朱者赤"呢？再比如，有些老师说"赏识教育"很神奇，就一相情愿地想把学生个个"夸"成人才，结果难免大失所望。还有一些老师听说"挫折教育"很重要，于是就盲目给学生设置障碍，或者盲目批评，一厢情愿地把学生个个"压"成人才，结果常常是把学生压成了"炸弹"。还有的老师先后迷信这两种教育思路，结果发现都不灵，终于绝望了。很少有教师把两种思路同时放进自己的脑中，进行整合并融会贯通。

深度思考才能带来认知升级，从而成为高品质勤奋者。教师有深度思考才会创造出好的教育，好的教育才能浸润孩子心灵，同时也将提升教师的品位，让师生共同感受教育的美好。

带着激情工作，享受教育的美好

教师的手中是许许多多正在成长的生命，每一个都不同，每一个都重要，且对未来充满着憧憬和梦想。他们都依赖教师的指引、塑造及培养，才能成为最好的个人和公民。教育是如此神圣，如此重要，事关一个民族、一个国家的兴衰成败，因此需要每一位教师的执着与激情，去点燃孩子成长的火焰，去唤醒孩子的人性，使孩子享受教育的美好！

激情是工作的灵魂。保持工作激情最重要的方法，就是爱上自己的工作，以自己的工作为荣，像对待初恋一样去热爱自己的教育事业。激情是可以传递和相互感染的。一个人的激情可以激发周围人的激情，一个有激情的团队成员之间又相互碰撞出新的激情，让教育事业充满活力。激情是一种可以融化一切的力量，是一种不断鞭策和激励我们向前的动力。

把激情带进课堂，让课堂展现魅力。课堂是教学问题解决的源泉，是教学理论产生的故乡，是教师专业成长的土地，是教学质量提升的阶梯，因此我们要尽力上好我们的每一天、每一节课。不管我们的学生是男同学，还是女同学；是富裕人家的孩子，还是困难家庭的孩子。因为在我们的每一堂课里，有着别人交付我们的生命中的每一秒钟、每一分钟、每一个时辰、每一个日子。也正是那些分分秒秒，构成了我们生命的岁月。因此，我们不能，也不忍，不认认真真地去正视他人的信任与托付；我们不能，也不忍，让他人生命中的那些分秒在我们的松懈中变得无价与轻贱；我们不能，也不忍，让自己的生命也在这怠慢中变得廉价。而把激情带进课堂，能提振孩子的精气神；把激情带进课堂，能激发孩子的理想追求；把激情带进课堂，能唤醒孩子成长的力量；把激情带进课堂，也必将促进孩子的快乐成长。

任何职业都有它独特的愁苦和乐趣，教育也不例外。教育是难的，千差万别的孩子，充满对教师智慧与人格的考验。也正因为如此，才激发着教师不断挑战自己，建设自己，在渐进中收获一个更好的自己。

教师的工作是平凡的，但我们决不做一个平庸者；教育工作需要大胆创新，但我们的工作决不大意；发现孩子成长中的问题要敢于说，但要动之以情、晓之以理，绝不要空说；教育是极其复杂的事情，需要我们多思考，但一定要注重科学的、系统的、创新的思考，绝不可乱想；教育是充满挑战的事业，需要大干，但要读懂学生、尊重规律，绝不可蛮干；教师要做为人师表、立德树人的榜样，对待学生要谦让，但对待出现严重问题的学生，也要严厉惩戒，绝不可迁就；教师要虚心向书本学习、向同事学习、向学生学习，但绝不可虚荣；面对工作中的困难，教师要勇敢、要迎难而上，但绝不可蛮横。做现代教师，需要活泼而守纪律，天真而不幼稚，勇敢而不鲁莽，倔强而有原则，热情而不冲动，乐观而不盲目。

教育家马卡连柯说："教育是像诗一样美好的科学，尤其是教育新人的过程更如同诗歌创作一样，其间充满着艰难困苦的探索，同时也极富浪漫传奇的色彩。"没有崎岖坎坷不叫攀登，没有经历挑战不叫成长。改变一个学生的过程是艰辛、复杂和曲折的，但能领略一个灵魂"从迷茫到苏醒，再到振奋前行"的全过程的人，则又是最愉悦、最幸福和最可爱的人。让我们用忠诚和执着去构建理想的教育，让我们用热情的心与火红的情去创造教育的美好，去享受教育的美好！